D1203734

Un cadeau déguisé

Un cadeau déguisé
ISBN 2-923249-19-4

Dépôt légal - Bibliothèque nationale du Québec, 2005
Dépôt légal - Bibliothèque nationale du Canada, 2005

Merlin Éditeur
Adresse postale
1, rue du Moulin
St-Antonin, Québec
Canada   G0L 2J0
Téléphone: 1 (418) 867-1952
Télécopieur: 1 (418) 867-5489

merlinediteur@havre-de-merlin.org
www.merlinediteur.net

Jean-Marc Dufresne

Un cadeau déguisé

MERLIN
Éditeur

Révision, correction, mise en page : Micheline Lavoie, Rivière-Ouelle, Québec, Canada

Infographie (ajustements), collaboration : Philippe Sirois, Rivière-du-Loup, Québec, Canada

Production : Denis Hudon, St-Antonin, Québec, Canada

Édition : Sylvain Potvin, St-Antonin, Québec, Canada

Distribution : Diffusion Raffin

Pour communiquer avec les collaborateurs, écrivez à :

Collaborateur
a/s Merlin Éditeur
1, rue du Moulin
St-Antonin, Québec, Canada
G0L 2J0

collaborateur@havre-de-merlin.org
www.merlinediteur.net

DONS

Un montant d'argent sera remis à la Fondation Robert-Savoie pour chaque exemplaire vendu, pour ainsi permettre aux intervenants de continuer leurs démarches pour aider les jeunes et leur famille dans le besoin.

Un montant d'argent sera également remis à Service Action Communautaire Outaouais inc. (SACO) pour chaque exemplaire vendu au Québec, afin de les appuyer dans leurs démarches pour le développement d'un projet de justice réparatrice et/ou de mesures de rechange adulte dans l'Outaouais.

À tous les gens qui souffrent
et qui veulent se prendre en main.

Préface

À Robert Savoie Jr – Mon amitié à jamais

Bobby, je tiens à te rendre hommage pour tout ce que tu as accompli. L'hommage que je te rends n'est pas uniquement pour l'homme que tu es devenu, mais aussi pour celui que tu as été.

Je t'ai connu à une époque plus sombre de ta vie. La plupart des gens voudraient oublier une telle période, mais toi tu l'assumes entièrement. Dès que j'ai fait ta connaissance, j'ai vu en toi une personne qui ne demandait qu'à être aimée. Tu as toujours possédé ce charisme et cet espèce de sourire mi-moqueur, mi-blagueur accroché à tes lèvres et trahissant ton regard. Je crois qu'au fond de toi-même, tu savais que la vie t'apporterait plus si tu te donnais la peine de lui en offrir la chance; et c'est ce que tu as fait. Aujourd'hui, grâce à ta détermination, tu peux être fier du chemin que tu as parcouru. Tu es un exemple de vie et, te connaissant bien, je sais que c'est encore et toujours en avant que tu regardes. Jamais tu ne renieras ton passé et c'est ce qui fait ta beauté.

Mon souhait le plus cher est que tu persistes à ne jamais oublier et ainsi à ne pas te perdre dans ce monde qui, trop souvent, adule la gloire et la réussite.

Je termine avec cette pensée : «Lorsque vous aidez les gens à croire en ce qu'ils peuvent être, vous les aidez à devenir ce qu'ils sont capables d'être.»

Avec tout l'amour et la fierté qui m'habite,

ton ami,

Sylvain

À toi, mon cher père,

Après toutes ces années, je peux dire que tu n'es plus le même homme.

Tu as grandi de l'intérieur comme personne n'a su le faire au cours de ma vie.

Le chemin que tu as parcouru et tous les efforts que tu as entrepris te récompensent en ce jour.

Félicitations à toi!

Ta fille qui t'aime,

Émilie

À Robert Savoie,

Je tiens tout d'abord à te reconnaître pour le chemin que tu as parcouru depuis notre dernière rencontre, et surtout pour la personne que tu es et en train de devenir. Se choisir comme étant la personne la plus importante dans sa vie n'est pas toujours un choix facile à faire puisque, pour la plupart d'entre nous, nous préférons aider les autres et ainsi éviter de se regarder soi-même. Il me fait un grand plaisir de t'encourager et te supporter dans ton cheminement.

Bonne route!

Dolly Demitro

Centre de Ressourcement Attitude
www.centreattitude.com
(450)-240-0404

Marc Gervais, fondateur de La Renaissance
et auteur des livres
«La Renaissance : Retrouver l'équilibre
intérieur» et «Nous : Un chemin à deux».
www.marcgervais.com
(819) 669-7168

CHAPITRE PREMIER

Robert Savoie coupe le contact du moteur de sa camionnette Chevrolet neuve tout en jetant un coup d'œil à l'horloge du tableau de bord : une heure dix du matin. Il tâtonne distraitement de la main gauche pour trouver la poignée de la portière, dont l'emplacement diffère de celui dans son ancien véhicule. La portière s'ouvre enfin et une odeur plutôt forte d'essence se mêle bientôt à celle caractéristique d'un véhicule neuf. Absorbé dans ses pensées, il saisit le pistolet de la pompe à essence la plus proche et fait le plein; il a du temps devant lui.

À 63 ans, ce père de cinq enfants a plutôt bien réussi sa vie. Bien sûr, il doit se lever vers minuit trente toutes les nuits, alors que la plupart des gens dorment encore, pour aller chercher son chargement de journaux qu'il livre ensuite à plusieurs commerces et chez des abonnés du quotidien *Ottawa Citizen* dans la ville voisine de Hull, mais son salaire lui permet de très bien joindre les deux bouts. S'il n'est pas riche, il a quand même la satisfaction de savoir que sa famille ne manque de rien.

Savoie échange quelques blagues avec le préposé, paye et retourne à sa camionnette. Cinq minutes plus tard, il gare son véhicule en bordure d'une rue du secteur des Plaines Lebreton, à Ottawa, puis éteint ses phares en ayant soin de laisser la clé dans le contact pour écouter la radio. Il prend le temps de s'étirer, bâille un bon coup et ferme les yeux un instant, histoire de rattraper un peu de sommeil en attendant sa livraison. Non pas qu'il soit particulièrement fatigué ce soir-là, mais le sommeil a l'avantage de lui faire oublier la douleur encore vive qu'il ressent à sa jambe droite. Robert Savoie a beau être plutôt costaud, il sent qu'il n'a plus vingt ans depuis qu'un médecin lui a appris qu'il souffrait d'une phlébite. Il lui a expliqué qu'un caillot de sang s'était formé dans une veine de sa jambe et il a fallu l'hospitaliser quinze jours plus tôt pour éviter des complications.

Bercé par la musique qui grésille des haut-parleurs de la radio, il se surprend à penser qu'à toute chose, malheur est parfois bon; son hospitalisation a eu pour effet de rapprocher de lui ses cinq garçons, plus encore que ne l'ont fait les soupers en famille qui ont lieu tous les dimanches malgré le départ de la maison de quatre d'entre eux. Son plus vieux, Raymond, a le tempérament plutôt renfermé de sa mère, tandis que le dernier, Robert junior, est le portrait de son père. Bon vivant, Robert Jr a toutefois le caractère vif et n'hésite pas à faire parler ses poings quand les mots manquent, ce qui lui a valu quelques accrochages avec la police. Pierre et Mario sont hardis, débrouillards et semblent constituer un heureux compromis entre les traits de caractère des deux parents. Daniel, l'avant-dernier, est une sorte de héros : joueur de hockey junior émérite, il a été pressenti pour faire la Ligue Nationale avant de revenir vivre sous l'aile paternelle.

Ce soir, c'est Robert Jr qui a tenté de le dissuader de reprendre le travail. À 28 ans, fiston est largement capable de faire le boulot. Mais son père est de cette génération pour qui le paternel est LE pourvoyeur de la famille. Cette damnée phlébite est comme un aveu de faiblesse et il n'est pas question qu'on le pense fini ou encore que ses enfants aient à le faire vivre. Ça, jamais! Et puis, toute cette inactivité en convalescence à la maison ne lui vaut rien de bon. Robert Savoie ne reste habituellement jamais à rien faire, même pour suivre un match de hockey à la télé. À l'image de la grande majorité des francophones en Outaouais, il n'est pas un fan de l'équipe d'Ottawa même si les Sénateurs, dont la franchise n'a que deux ans, sont juste de l'autre côté de la rivière.

Le hockey est cependant bien loin de ses préoccupations en cette nuit du 24 août 1995. À la radio, on dit qu'il fait treize degrés, mais l'humidité de l'air empêche la chaleur du jour de se dissiper entièrement et Robert a l'impression qu'il fait nettement plus chaud. Peut-être est-ce seulement l'effet de ses médicaments… Sans oublier cette maudite douleur qui élance dans sa jambe, comme si quelqu'un s'y tenait debout en y enfonçant des talons aiguilles!

Évidemment, il n'en a rien dit à Junior, ni à sa femme, Mariette. Elle s'est fait assez de souci comme ça à son sujet sans qu'il ne l'inquiète davantage. D'ailleurs, il n'est pas du genre à se plaindre. Il ne veut surtout pas gâcher la célébration de leur quarantième anniversaire de mariage qui aura lieu dans moins de deux semaines. Il jette un coup d'œil à l'horloge du tableau de bord : une heure vingt du matin. La livraison ne tardera sûrement plus maintenant. Il ferme à nouveau les yeux.

*****

Non loin de là, trois jeunes adultes – des adolescents, vraiment – se préparent à sortir. L'un d'eux, Jimmy Rolland, est toujours partant quand il s'agit de faire la fête. Bien que sa mère n'approuve pas ses fréquentations, le jeune homme de 18 ans aime bien se retrouver en compagnie de son ami Frank Verner. Aussi, quand le téléphone sonne ce soir-là à la résidence des Rolland, Jimmy accepte sur-le-champ de se joindre à Frank. Le scénario est assez régulièrement le même : ils vont traîner çà et là dans les bars ou chez de vagues connaissances, boivent autant d'alcool que possible et fument quelques joints tout en écoutant de la musique. Parfois, il y a de la bagarre et, sans la rechercher, Rolland ne la fuit pas non plus. Plutôt petit, de carrure moyenne, il n'en pense pas moins qu'il n'y a rien de tel pour se tenir en forme que de donner du poing.

Jimmy fait la connaissance d'un ami de Verner, Mathieu David, qui est ce genre de gars qui semble connaître toutes les bonnes adresses et qui ne manque pas d'aplomb. Québécois d'origine, David s'exprime un peu curieusement lorsqu'il parle en anglais. D'ailleurs, il s'exprime curieusement quelle que soit la langue qu'il emprunte... *Sûrement qu'on s'ennuiera pas avec lui*, pense Rolland. La soirée est donc consacrée au manège habituel de consommation de bières en quantité industrielle et vers minuit, le trio, dont aucun membre n'a encore atteint l'âge légal en Ontario, a envie de fumer un peu de pot ou de hasch mais la beuverie les a laissés sans le sou. Bien que passablement éméchés, ils s'entendent pour prendre le véhicule de Verner afin de se rendre chez un fournisseur. Peut-être leur fera-t-il crédit?

Frank Verner n'a que 18 ans, mais il possède déjà une puissante Camaro Z-28 vieille d'une quinzaine d'années qui le transporte çà et là avec style. Pour lui, c'est tout de même mieux que ces jeunes riches qui se baladent dans la Toyota de leur mère et qui n'ont jamais eu à travailler pour obtenir leur liberté. Malgré son jeune âge, il n'est pas inconnu des policiers, qui ont parfois à intervenir lorsque les esprits embrumés par l'alcool s'échauffent dans les bars mal fréquentés. Bien qu'il ne soit pas particulièrement musclé, Verner a ceci de particulier : lorsqu'il se bat, c'est comme si son cerveau court-circuitait et il n'arrête que lorsqu'il voit le sang gicler. Et encore. Sans vraiment comprendre lui-même pourquoi il agit ainsi, il ne déteste pas entendre dire qu'il vaut mieux éviter la bagarre avec lui. Verner fait feu de tout bois lorsqu'il s'agit de nourrir son jeune ego.

Ce soir, la Camaro est hors d'usage; la batterie a rendu l'âme et il lui en faudra une autre. Où trouver une pièce d'auto à presque une heure trente du matin? Le trio, qui n'entend pas s'embarrasser de ce genre de détail, convient le plus simplement du monde d'aller en voler une. Il s'agira tout bonnement de trouver un véhicule non verrouillé ou laissé en marche par un propriétaire imprudent arrêté au dépanneur du coin. Le plan semble assez simple et sans grand risque, ce qui est présentement à la limite de la capacité de raisonner des trois adolescents complètement saouls. Et puis, s'ils tombent sur un client récalcitrant, ils n'auront qu'à le tabasser!

Verner se souvient d'avoir vu une Chevrolet stationnée un peu plus loin et qui n'a pas bougé depuis un bout de temps. Les trois jeunes hommes vont donc y jeter un coup d'œil. Déception; la voiture est visiblement abandonnée et quelqu'un les a précédés dans le compartiment moteur, où la batterie a disparue! Verner referme bruyamment le capot. Quel culot! Se faire voler la batterie qu'il voulait voler lui-même! Les gens n'ont donc plus aucun respect... En attendant, il faut trouver autre chose. Levant les yeux, il voit qu'à courte distance de là se trouve une camionnette garée dans un stationnement sombre, près de l'intersection Booth et Albert. D'où il est, le trio peut apercevoir la lumière émanant de la radio du tableau de bord; le véhicule a donc une batterie en état de marche. S'il y a un conducteur à bord, ils n'auront alors qu'à prendre la camionnette par la force.

Le claquement du capot de la Chevrolet réveille Robert Savoie en sursaut. L'horloge indique presque une heure quarante-cinq. Il a dormi plus qu'il ne le pensait et il se dit qu'il n'a probablement pas entendu le camion de livraison approcher. Le sexagénaire jette un coup d'œil à l'extérieur, mais ne voit aucun autre véhicule que le sien dans le stationnement mal éclairé. Sûr d'avoir entendu quelque chose, il fouille des yeux la nuit qui l'entoure. Rien. Intrigué, il regarde derrière sa camionnette par le rétroviseur central et réalise alors que le bruit provient d'un groupe de jeunes qui semble sortir d'une voiture stationnée plus loin et qu'il n'a pas remarquée auparavant. Les trois jeunes se dirigent résolument vers lui.

Robert Savoie n'est pas du genre peureux. En plus de livrer les journaux, il bosse à l'occasion pour la *Taverne 57*, à Hull, où il lui arrive d'avoir à expulser des clients rébarbatifs. Parmi les habitués de l'établissement, on compte des employés d'une usine voisine d'un genre plutôt costaud. Naturellement fort, Savoie n'a jamais à demander d'aide pour les mettre à la porte si besoin est, eux ou d'ailleurs quiconque transgresse les règlements de la taverne. Mais il n'est pas sans savoir qu'il se trouve en ce moment dans un quartier à mauvaise réputation de la Basse Ville d'Ottawa. Ses collègues de travail lui ont souvent dit de s'installer ailleurs pour recevoir ses journaux, mais les endroits moins dangereux sont également plus loin du point de départ de sa route de livraison. Aussi a-t-il choisi de rester dans ce stationnement parce qu'il se situe à environ trois cents mètres de l'un des ponts qui relient la capitale nationale à la rive québécoise.

Savoie ne veut quand même prendre aucune chance. Il décide de sortir de son véhicule et de marcher d'un pas qu'il veut énergique jusqu'à l'arrière, où il s'emploie à ouvrir le panneau d'accès à l'espace de chargement. Ainsi, pense-t-il, il enverra le message qu'il attend un visiteur d'un moment à l'autre, ce qui gênera sûrement ceux qui ont de mauvaises intentions à son endroit. Il choisit de ne pas porter attention aux trois jeunes qui arrivent maintenant à sa hauteur, mais l'un d'eux l'interpelle en anglais :

— Salut! Qu'est-ce que vous faites icitte si tard?

Savoie, qui parle souvent l'anglais avec ses amis du *Citizen*, répond sans hésiter :

— Moé? Je livre des journaux; j'attends mon chargement qui s'en vient.

Le ton est cordial. Visiblement, les jeunes ont trop bu, mais ça n'en fait pas des criminels. Mathieu, qui reconnaît l'accent québécois, lui demande alors :

— Pouvez-vous nous conduire en ville? Le *char* part pas et on aurait besoin d'un *lift*.

— Impossible... mon livreur arrive d'une minute à l'autre. Si j'y suis pas quand il va arriver, je vais manquer ma livraison. Désolé, les gars.

Espérant avoir été convaincant, le sexagénaire s'apprête à tourner le dos pour faire mine de ranger quelques effets dans l'espace de chargement de la camionnette. Soudain, il réalise que l'un des jeunes s'est glissé derrière lui. Surpris, il pivote pour lui faire face, mais il est stoppé net dans son élan quand il sent qu'on le saisit brutalement par le bras.

La suite se déroule en deux ou trois minutes tout au plus, mais elles lui paraissent sans doute les plus longues de toute sa vie. Savoie n'a même pas le temps de réagir que l'un des trois adolescents lui fait une clé de bras pour l'immobiliser. Il veut contrer la manœuvre et s'écrie :

— Eille! Lâchez-moé!

Les deux autres se ruent sur lui et il est rapidement projeté au sol. Les coups se mettent à pleuvoir, d'abord au corps, ensuite particulièrement au visage. Affaibli par sa condition de santé, Robert Savoie tente de se relever. Il réussit à tenir sur ses genoux, mais le trio ne lui laisse aucune chance. Étourdi, sonné par les coups qui pleuvent maintenant violemment sur lui, il sait qu'il est en très mauvaise posture. Le sang gicle de son visage tuméfié, sa tête bourdonne de plus en plus fort et lui fait horriblement mal chaque fois qu'elle heurte l'asphalte tiède. L'espace d'un éclair, il pense *Mon Dieu, je vais mourir*! et il leur lance un appel désespéré, priant pour qu'un passant l'entende :

— LÂCHEZ-MOÉ! QUESSÉ JE VOUS AI FAIT? LÂCHEZ-MOÉ!

Mais bientôt, il n'arrive plus à ouvrir ses yeux fermés par l'enflure et ses efforts pour se débattre l'épuisent. Il veut respirer par la bouche, mais ne réussit qu'à avaler du sang. L'écho de ses supplications se perd bientôt dans la nuit, sans rencontrer âme qui vive. À cette heure tardive, personne n'entend les cris de détresse de la victime, qui s'affaiblit rapidement. Et pour cause : deux des assaillants sautent à pieds joints sur son visage et son crâne, comme s'il s'agissait d'un vulgaire insecte qu'on tente d'écraser. Ses cris s'estompent bientôt jusqu'à ne devenir qu'un faible râlement dans la nuit tiède. Par ignorance ou par indifférence, la ville entière semble lui tourner le dos. Ses dernières pensées, sans doute pour sa femme et ses enfants, s'embrouillent jusqu'à ne devenir qu'un immense rideau d'un noir d'encre. Cette même encre qui lui a permis de gagner sa vie enveloppe maintenant sa mort.

Jimmy Rolland prend un peu de recul. Il lui semble que la victime a son compte. Il y a déjà un moment que l'homme ne bouge plus. Maintenant qu'il est neutralisé, il suffit de se saisir de ses clés et de s'enfuir avec la camionnette. Son ami, lui, continue de s'acharner sur sa victime étendue par terre, comme pris d'une rage devenue folie. L'un d'eux crie à l'autre de vider les poches de Savoie pour prendre l'argent, pendant que le troisième s'occupe de la camionnette. Ils doivent se rejoindre dans le stationnement où se trouve la voiture de Verner, à quelque distance seulement de leur sauvage agression. Dernier outrage, Robert Savoie est alors soulagé des quelques cinquante-cinq dollars qu'il a en poche. Verner et Rolland s'enfuient et regagnent l'appartement du premier. Et pendant tout ce temps, l'alcool continue de faire son œuvre.

Le vol a permis l'achat d'une petite quantité de stupéfiants. Quelqu'un roule des cigarettes et les complices fument un joint. Soudain, Rolland entend la sirène d'une voiture de police. Paniqué, il réalise que la victime a peut-être donné leur signalement aux agents qui ne tarderont pas à les retrouver. Frank jette un coup d'œil par la fenêtre.

— Relaxe! C'est juste un accident sur Booth; il y a une ambulance et une auto. Ça n'a rien à voir. Je suis sûr qu'il a pas eu le temps de ben nous regarder, man.

Rolland et Verner décident tout de même d'aller jeter un coup d'œil à l'extérieur, à tout hasard. Satisfaits de ce qu'ils voient, ils rentrent un peu plus tard à l'appartement. Saoul et sous l'influence de la drogue, Rolland sombre dans un profond sommeil.

À l'extrémité ouest de la ville, Jacques Maloney finit d'essuyer le carbone qui lui macule les doigts. Quand il ne pleut pas, les ballots de journaux qu'il transporte ne sont pas enveloppés de plastique et l'encre du tabloïd lui salit toujours les mains lorsqu'il les charge à bord de son camion «cube». Sans être vraiment en retard ce soir, il sait qu'il lui faudra se hâter un peu pour arriver à effectuer toutes ses livraisons en temps voulu. Bien que la soirée soit tiède, il essuie son front du revers de sa manche. Heureusement, le trajet lui permettra de souffler un peu.

La musique s'interrompt le temps qu'il mette le moteur en marche, puis il tire sur la commande des phares avant d'embrayer. Le véhicule lourdement chargé s'ébranle et fait route en direction du Queensway, portion urbaine de l'autoroute 417. Jacques Maloney connaît le trajet par cœur. Ce travail, il le doit en partie à son ami Robert Savoie. Les deux hommes se sont rencontrés parce que Savoie arrêtait pratiquement chaque soir faire le plein au libre-service où Jacques travaillait. C'est lui qui a recommandé Jacques à son employeur au *Citizen*. Bien sûr, il y a parfois des secteurs qu'il aurait souhaité éviter, comme celui où l'attend son ami justement, mais pour l'instant, il préfère ne pas y penser.

Savoie est un gars travaillant. N'eut été de sa maladie, il n'aurait pas manqué une seule journée d'ouvrage, beau temps, mauvais temps. Ce soir-là, Maloney et son passager sont donc surpris de ne pas voir la camionnette de leur collègue lorsqu'ils arrivent à l'angle des rues Booth et Albert, à quelques rues de la Colline du Parlement d'Ottawa.

— Il a peut-être été retenu…

— Ou peut-être que c'est Bobby[1] qui fait la route à sa place à soir…

Jacques n'aime pas attendre son collègue dans un secteur aussi mal famé. Il ne veut pas non plus prendre du retard, mais il se dit qu'il attendra un peu avant de continuer. Le camion effectue une manœuvre dans le stationnement quand ses phares éclairent tout à coup une masse sombre sur le trottoir.

— Quessé ça? dit-il comme pour confirmer que l'endroit n'est pas fréquentable.

Malgré ses appréhensions, il se dit qu'il vaut tout de même mieux aller voir de quoi il retourne. Laissant les phares allumés, il sort du véhicule. Le secteur est déjà inquiétant, mais s'approcher d'une forme humaine étendue sur le sol en pleine nuit a quelque chose de terrifiant. Après un coup d'œil à la ronde par mesure de précaution, il fait quelques pas en direction de l'homme gisant par terre. Puis, Maloney sent son estomac se contracter et il fige sur place. Malgré le mauvais éclairage, il réalise qu'il s'agit bien de son ami Robert Savoie, dont il reconnaît les vêtements. D'ailleurs, aucun doute n'est possible : la chemise ouverte permet à Maloney de reconnaître sur le ventre de Savoie une bosse très particulière. Résultat d'une dure confrontation avec des policiers vingt ans plus tôt, la bosse, de la taille d'une balle de tennis, est en fait le nombril de Savoie. Maloney reconnaîtrait cette particularité entre mille. Pour l'instant, bien qu'il espère encore voir un quelconque signe de vie de son

---

[1] NDLR : Robert Jr

ami, il doit bientôt détourner les yeux du spectacle horrifiant qu'il a devant lui; le visage de Savoie a littéralement éclaté sous la force des coups qu'on lui a assénés. En tentant de réprimer un frisson qui lui monte du dos jusqu'à la pointe des cheveux, Maloney retourne précipitamment à bord de son véhicule pour trouver un téléphone et composer le 9-1-1.

— Va au *Pubwell*, c'est ouvert pis c'est proche, dit son passager qui a deviné le drame.

Le lourd camion tourne sur les chapeaux de roues et fonce dans la nuit. Jacques rage :

— Pas de danger qu'on verrait une police!

Dans le vestibule du *Pubwell*, des clients qui ont un peu trop fêté attendent un taxi. Jacques passe sans même les voir et se précipite sur un téléphone disponible. Le premier appel qu'il fait est pour les services d'urgence; le second est pour Mario, le fils de Robert Savoie, qui livre lui aussi des journaux à Hull et à Gatineau.

— Mario? C'est Jacques. Viens nous rejoindre aux Plaines... il est arrivé quelque chose de terrible à ton père!

Mario ne peut laisser là sa livraison sans une raison majeure. Il insiste donc pour en savoir davantage, mais Jacques refuse de lui en dire plus long; son ton est ferme et sans réplique. Mario prend dès lors les mesures qui s'imposent et n'ose imaginer ce qui peut être arrivé de si grave à son père. En moins de cinq minutes, il est sur les lieux.

À l'endroit où est habituellement stationnée la camionnette bleue se trouve plutôt une voiture de police dont les gyrophares sont allumés. À peine sorti de son véhicule, Mario repère son ami Jacques. Mais avant même qu'il puisse courir à sa rencontre, un policier l'intercepte.

— C'est toi, Mario? Écoute, tu ne devrais pas aller voir ton père. Il est assez mal en point. Je pense qu'il est préférable que tu gardes une belle image de lui.

Mario ne peut pas le croire. Mort? Son père? Il doit y avoir une erreur! Depuis maintenant seize ans, il fait route la nuit avec le chef de la famille qu'il rencontre dans le stationnement d'un centre commercial du boulevard St-Joseph. Ensemble, ils font les mêmes arrêts, l'un pour le *Citizen* et l'autre pour le *Journal de Montréal*. Se peut-il que son père, solide gaillard et bon vivant, soit devenu cette nuit cette masse sombre et inerte qu'il voie sur le sol?

Alors que les ambulanciers montent la civière à bord de l'ambulance, Mario passe un coup de fil à son épouse pour lui apprendre la triste nouvelle. C'est elle qui appellera Pierre, le frère de Mario. Pierre est sous le choc.

— Écoute, je m'habille pis je m'en viens!

Mais elle l'arrête :

— C'est pas utile de venir le rejoindre, l'ambulance part déjà pour l'hôpital.

Pierre convient donc de s'y rendre directement pour rencontrer Mario.

Inconscient du drame qui se déroule à l'autre bout de la ville, le détective Mark Pigeon dort profondément lorsqu'il est brusquement tiré du sommeil par la sonnerie du téléphone, vers trois heures trente du matin. La voix à l'autre bout du fil lui apprend qu'il y a eu agression violente et mort d'homme à peine deux heures plus tôt. Policier depuis vingt ans, Pigeon connaît la routine. Il ne compte plus les nuits interrompues par ce genre d'appel et c'est presque machinalement qu'il saute du lit, enfile des vêtements et se met au volant de son véhicule. Arrivé au poste de police vers quatre heures, on l'instruit des détails entourant l'affaire. Son collègue Dan Dorrance et son superviseur sont également présents, et c'est ce dernier qui leur communique les premières informations.

— Le périmètre a été bouclé par les policiers et la victime a déjà été transportée par ambulance à l'Hôpital général d'Ottawa pour l'autopsie. Il n'est donc pas urgent de se rendre sur les lieux.

Après avoir été saisi du dossier, Pigeon et Dorrance arrivent sur la scène du crime vers cinq heures du matin dans le secteur connu sous le nom de «Plaines Lebreton». Il y a longtemps, on trouvait ici de petites manufactures et des usines de transformation, mais elles ont maintenant disparu. Le sol contaminé empêche toute construction et la Commission de la Capitale Nationale a transformé l'endroit en un grand parc, qui ressemble davantage à un terrain vague qu'aux autres espaces verts qu'elle paraît entretenir avec une brosse à dents tellement ils sont impeccables. Ici, on trouve peu d'éléments de décor pour retenir l'attention et les deux enquêteurs doivent admettre que ce coin de la ville ne leur est pas très familier. Tout ce qu'ils savent en ce moment, c'est que la victime est un livreur de journaux et que l'appel a été fait par deux de ses collègues à partir d'un bar appelé *Pubwell*. Outre la présence de policiers et d'un périmètre de sécurité, seule une couverture de premiers soins médicaux abandonnée témoigne des événements tragiques qui se sont déroulés ici en plein milieu de la nuit.

Il peut sembler étrange qu'on ait enlevé le corps de la victime avant même l'arrivée des détectives, mais l'explication est fort simple : la priorité est de préserver la vie. Si la victime montre quelque signe vital que ce soit, elle doit d'abord obtenir toute l'attention médicale requise. Les indices, dans ce cas, deviennent alors secondaires.

Des badauds font le pied de grue, espérant voir un élément morbide, quel qu'il soit, comme des goélands qui attendent qu'on leur lance une frite au fast-food du coin. Des journalistes sont déjà présents, sans doute informés par les balayeurs de fréquences qu'ils semblent écouter jour et nuit. L'air en provenance de la rivière des Outaouais se charge déjà de l'odeur d'échappement des autobus qui attendent le long des rues avoisinantes; Ottawa s'éveille.

Pour l'instant, le détective tente de comprendre le déroulement des événements pour mieux déterminer la suite de l'enquête. Lors d'un drame violent, une équipe est assignée à l'accompagnement de la victime, qu'elle soit vivante ou décédée, afin de pourvoir à ses besoins ou à ceux de sa famille. Dans ce cas-ci, deux des frères Savoie ont déjà été avisés du décès de leur père et se trouvent à l'hôpital. Des policiers s'y rendent donc tandis que le plan de match commence à se former dans l'esprit de Pigeon. Il jette d'abord un regard circulaire à la scène : sur le sol, une mare de sang qui s'étire jusqu'au trottoir, quelques pièces de monnaie éparses reflétant la lumière du jour qui se lève, la couverture abandonnée et quelques articles de premiers soins commencent déjà à raconter un peu de l'histoire. La poignée de menue monnaie au sol lui indique qu'il s'agit vraisemblablement d'un vol qui a mal tourné. En effet, le policier sait par expérience que l'argent ne sort habituellement pas des poches lors d'une bagarre, à moins qu'on ne la prenne de force. De plus, le véhicule de Robert Savoie est manquant. Son fils Mario en a fait part aux policiers peu après son arrivée. Quant aux gants chirurgicaux, aux boîtes de pansements et à la couverture, ils indiquent que les infirmiers ont tenté des manœuvres de réanimation à leur arrivée. Ensuite, le contexte physique du drame : un livreur de journaux travaille habituellement de nuit, le site de l'agression est plutôt retiré, entouré d'arbres et mal éclairé; la recette parfaite pour un vol avec violence. En fait, les lieux mêmes de l'agression dictent au détective ce qu'il doit faire. Si le meurtre avait eu lieu dans une chambre d'hôtel ou un appartement, la chance de rencontrer des témoins oculaires serait faible tandis qu'ici, à proximité d'un projet domiciliaire, peut-être quelqu'un a-t-il vu un indice qui permettra à l'enquête de progresser. Même dans une grande ville, les gens ont tendance à se tenir au fait de ce qui se passe dans leur quartier. Il y a toujours le voisin fouineur ou celui qui veille en se berçant sur son balcon... Il envoie donc des policiers pour frapper aux portes. Et comme la scène est située tout près d'un pont menant à la rive québécoise, plusieurs taxis et autobus sont susceptibles d'être passés par-là. Pigeon demande également à ce qu'on interroge leurs chauffeurs.

Coup de chance : les policiers apprennent rapidement qu'un chauffeur de taxi de la compagnie *Blue Line* a signalé au central avoir fait monter dans son véhicule deux hommes de race noire au comportement suspect; l'un d'eux tentait visiblement de se cacher sur la banquette arrière. Le détective s'emploie immédiatement à retrouver le chauffeur pour lui demander de donner le signalement des individus en question.

*****

Un visiteur qui se serait trouvé à l'Hôpital d'Ottawa en cette nuit du 24 août 1995 aurait sans doute été surpris de la scène qui s'y déroulait : quelques secondes après qu'on lui ait officiellement annoncé la mort de son père, Pierre

Savoie subit un violent choc nerveux. Il crie, hurle même, dans l'établissement endormi. De rage, il arrache les rideaux de la salle d'attente et frappe à coups de poing et à coups de pied sur tout ce qui est à sa portée. Puis, incapable de supporter la douleur plus longtemps, il s'effondre au sol et pleure, couché sans pudeur ni retenue sur le plancher de tuiles froid. L'équipe médicale, appelée d'urgence, intervient et tente d'amoindrir sa peine, sans grand succès. Après un moment, les sens engourdis par les puissants calmants qu'on lui a administrés, Pierre fait le point avec Mario. Ni l'un ni l'autre ne se sent capable de se prêter à l'identification formelle du cadavre de leur père. Les frères Savoie décident de rentrer à la maison paternelle, où se trouvent leur mère et leurs deux autres frères. Le premier qu'ils tirent du sommeil est Robert Jr.

— Bobby! BOBBY! Papa est mort! PAPA EST MORT!

Bobby est réveillé sans ménagement.

— Quoi? Comment ça? Quessé qui s'est passé?

Les mots se bousculent dans la bouche de Mario.

— Il s'est fait agresser. Ils l'ont tué!

Pierre enchaîne sans attendre :

— Viens avec nous autres… il faut qu'on le dise à *mom*.

Bobby se lève précipitamment, attrape une paire de pantalons et suit Mario et Pierre dans la chambre de leur mère. Pierre hésite un instant à troubler le sommeil maternel, dernières secondes d'insouciance qu'elle connaîtra avant d'être plongée dans un cauchemar. C'est donc le plus doucement possible qu'il la réveille. Dès qu'elle ouvre les yeux, ses trois garçons prennent place sur le grand lit et l'encadrent, comme s'ils voulaient protéger un trésor précieux. Mariette Savoie s'étonne de leur présence alors que le soleil se lève à peine. Son instinct de mère lui fait tout de suite craindre le pire. Un des fils prend la parole.

— Ma-mère, papa est mort. Il s'est fait battre cette nuit, là où il a l'habitude d'attendre ses journaux. *Mom*, on veut que tu sois forte.

Mariette Savoie ne sait que dire. Les seuls mots qui parviennent à ses lèvres sont :

— Ça s'peut pas! Ça s'peut pas!

Comment l'homme qu'elle aime, celui qu'elle a embrassé à son départ pour le travail il y a quelques heures à peine, comment cette moitié de sa vie peut-elle lui avoir été ainsi volée?

Surpris d'entendre du bruit au beau milieu de la nuit dans la maison habituellement endormie, Daniel Savoie attrape son cadran d'une main molle. Ses yeux ont peine à distinguer les chiffres. Cinq heures quinze? Il est trop tôt pour que son père soit revenu du travail. Et puis ce sont des éclats de voix et des sanglots qu'il entend, il en est sûr maintenant. Daniel se redresse, cette fois tout à fait réveillé. Il sort de sa chambre au moment où l'un de ses frères vient à sa rencontre pour lui apprendre la triste nouvelle.

Daniel croit d'abord à une mauvaise blague, mais les pleurs qui lui proviennent de la chambre de sa mère lui confirment une réalité qu'il ne peut pas, qu'il ne VEUT pas entendre. Il se précipite dans la chambre où l'attendent Mario, Bobby et sa mère. Ses frères le mettent au courant des détails en quelques phrases. Daniel est abasourdi. Il sent une véritable explosion dans son cœur, dans son corps et sa tête. Le choc de la nouvelle devient si fort qu'il ne contient plus sa peine et sa colère qui éclatent comme une charge de dynamite trop forte. Ses frères tentent tant bien que mal de calmer le costaud qui semble déchaîné.

Pendant ce temps, Bobby prend sa mère dans ses bras et la veuve pleure, anéantie. N'est-ce pas il y a à peine un mois qu'elle a craint de perdre l'homme de sa vie quand, par une chaude soirée d'été de 1995, Bobby avait remarqué une enflure inquiétante à la jambe droite de Robert Sr? Il avait bien essayé – sans succès – de le convaincre qu'il lui fallait aller sur-le-champ à l'hôpital. Mais voilà, son père n'aime pas les hôpitaux et, de plus, la livraison des journaux ne peut attendre. De mauvaise grâce, il avait finalement consenti à faire un crochet par le centre hospitalier cette nuit-là. Le verdict redouté était alors tombé : il souffrait d'une phlébite et le caillot qui s'était formé dans les artères de sa jambe risquait de monter jusqu'à son cœur ou son cerveau s'il n'était pas traité le plus tôt possible, soit cette nuit même.

— Pas question! J'ai ma livraison à faire! Si je ne la fais pas, c'est pas le Saint-Esprit qui va la faire à ma place! avait-il tonné d'une voix qui se voulait sans réplique.

Puis, devant l'insistance du médecin et de Bobby, Robert Savoie avait tout de même accepté de prendre un rendez-vous pour le lendemain. Il était sorti de l'hôpital huit jours plus tard. Avant même de se rendre à la maison, il avait demandé à faire un premier arrêt à la *Taverne 57* pour rassurer ses amis et son patron. Ce n'était pas demain qu'on l'enterrerait! Arrivé à la maison, Bobby avait insisté :

— Papa, tu dois prendre du repos comme le médecin a dit. Écoute, je t'ai accompagné assez souvent pour faire la route à ta place, le temps que tu te reposes un peu.

Bobby craignait que même avec un nouveau camion plus bas de terre, la charge de travail ne nuise à la santé de son père. Presque deux mois plus tôt, le *Ottawa Citizen* avait changé le quai de chargement des véhicules de livraison et celui-ci était désormais trop haut pour la camionnette. Il lui fallait donc charger la marchandise à un point de rencontre avec un véhicule de la compagnie. En outre, Robert Savoie devait prendre plusieurs médicaments, dont du *Coumadin* qui éclaircit le sang. Or, un sang plus clair le rendait aussi plus sensible aux hémorragies. Mais le sexagénaire s'obstinait à refuser l'offre de son fils malgré les risques et les conséquences d'un accident. Le soir même de sa sortie de l'hôpital, il avait repris le travail. À plusieurs reprises, au cours des jours suivants, Bobby avait demandé à son père de ne pas retourner sur la route. Chaque fois, la réponse avait été «non». La nuit du 23 au 24 août n'avait apporté aucun changement à la détermination paternelle. Combien Mariette Savoie regrettait maintenant de n'avoir pu retenir son mari à la maison!

*****

24 août – 5 h 40. Aux Plaines Lebreton, les policiers d'Ottawa ne chôment pas. Après avoir retrouvé le chauffeur de taxi qu'ils recherchaient, Mark Pigeon et son collègue estiment que malgré le peu d'informations dont ils disposent en ce moment, cette piste semble prometteuse. Les deux détectives discutent de l'affaire avec animation lorsqu'ils réalisent soudain qu'une journaliste du quotidien *Le Droit* tente de parler au chauffeur de taxi. La jeune femme a déjà recueilli les commentaires des deux collègues de travail de Robert Savoie, ceux-là même qui ont découvert le corps quelques heures plus tôt. Les détectives font rarement bon ménage avec les journalistes sur la scène d'un

crime. Si les informations concernant les passagers du taxi sortent trop tôt, les suspects risquent de se terrer et de rester introuvables.

La journaliste est chassée avant qu'elle n'ait la chance d'obtenir quoi que ce soit d'autre. Après avoir fortement conseillé au chauffeur de ne rien dire à quiconque, les enquêteurs se tournent vers la jeune femme et le photographe du quotidien, qu'ils menacent même d'arrêter, avant de conduire le témoin hors du périmètre de sécurité. Mais la reporter en sait déjà assez sur l'affaire pour communiquer avec la famille Savoie, à Gatineau. Elle compose le numéro de téléphone. Il est précisément cinq heures quarante-cinq du matin quand une voix répond à l'autre bout du fil. Elle demande et obtient la permission de rencontrer les Savoie. La journaliste devra faire vite avant que les policiers n'interdisent aussi à la famille de parler!

Tous ignorent qu'en ce moment même, les meurtriers de Robert Savoie dorment paisiblement dans un appartement si proche qu'ils sont littéralement à portée de main...

La camionnette de Robert Savoie est retrouvée
à quelques rues du drame.

Les enquêteurs ratissent les lieux du crime.

Seuls une couverture et quelques objets témoignent du meurtre.

Reconstitution du meurtre

CHAPITRE 2

La journaliste du quotidien *Le Droit* arrive avec son photographe au 1, rue des Rédemptoristes à Gatineau, vers six heures. Après de brèves présentations, un silence lourd s'installe. Elle sait qu'elle tient LE scoop, mais ne peut s'empêcher de se sentir de trop au sein de cette famille en plein cœur du drame. Bobby, le plus jeune, ouvre le bal.

— C'était le meilleur des pères qu'on pouvait pas avoir. On a tout eu chez nous, dit-il avant d'éclater en sanglots.

Les cris, les pleurs étouffés, les questions sans réponse, la journaliste les note fidèlement dans son calepin. Les quatre fils sont réunis au premier plancher, alors que la veuve éplorée cache pudiquement sa peine dans une chambre à l'étage. Puis, Mario enchaîne :

— On va le retrouver, celui qui a fait ça. Il va le payer! On est cinq gars dans la famille pis il va nous connaître tous les cinq.

Peu après, le téléphone se met à sonner sans arrêt. La radio, la télé, les journaux, tous veulent avoir une entrevue, tous veulent «savoir». Dans l'intérêt public, bien sûr... Quoique Bobby sente beaucoup de colère en lui, son instinct lui dicte d'être prudent dans les commentaires que ses frères et lui livreront aux médias.

*****

Vers huit heures, un cri retentit dans l'appartement de Frank Verner. Jimmy se réveille en sursaut. Sa tête bourdonne comme si un train de marchandise la traversait d'une oreille à l'autre. Il a mal au cœur d'avoir trop bu la veille.

— Quoi? Qu'est-ce qu'il y a? Il est quelle heure? demande-t-il, la bouche pâteuse.

Devant l'absence de réponse, Jimmy réalise pour la première fois que la radio est allumée. Verner est dans la cuisine, prostré devant le petit appareil, et il semble paniqué.

— Réveille-toé, *man*! On est dans la m... jusqu'au cou! Le vieux d'hier, il est mort!

Les mots résonnent dans la tête de Rolland. Le vieil homme? Mort? Quel vieil homme? De quoi son ami parle-t-il donc? Rolland est sur le point de lui répondre qu'il n'a pas envie de jouer aux devinettes quand, du fond de son esprit boueux, surgit une image. D'abord furtive comme un éclair, elle revient avec de plus en plus de précision. Le vieil homme...

La camionnette... Les coups de pied... Ce n'était donc pas qu'un mauvais rêve...

Rolland se lève d'un coup, ce qui n'arrange en rien son haut-le-cœur. Déséquilibré, chancelant, il force son cerveau à reprendre ses esprits, à défaut d'avoir le contrôle de son corps.

— Que... quessé tu veux dire, «mort»?

— Mort comme dans MORT, *man*! Ils viennent tout juste de le dire à la radio! Allume la télé!

Rolland fouille la pile de vêtements laissés pêle-mêle la veille sur le divan et sent bientôt l'objet familier sous ses doigts. Il extirpe la télécommande qu'il pointe à bout de bras vers la télé. La première image qui apparaît est celle d'un corps sur une civière dont on devine la forme sous la couverture qui le recouvre. Deux ambulanciers s'affairent à le charger dans leur véhicule dont les portes jaunes sont grandes ouvertes. Les clignotants rouges lui ramènent à la mémoire le souvenir de l'accident de voiture de la veille.

— C'est l'accident! C'est sûrement l'accident, tu te rappelles? Il y avait cette voiture et l'ambulance... commence-t-il.

Mais Verner l'interrompt, presque hystérique :

— Shut up, for f... sake! Écoute! Écoute, *man*!

À ce moment précis, une journaliste commente les images qui défilent à l'écran : «(...) la police d'Ottawa est avare de commentaires sur les circonstances entourant ce qui devient le vingtième meurtre à survenir sur son territoire depuis le début de l'année (...)». Suivent alors les images des panneaux indiquant les rues Booth et Albert, les rubans jaunes de la police et, en y regardant bien, on pourrait même apercevoir à l'arrière-plan la façade de l'appartement où Verner et Rolland se trouvent en ce moment même, fixant d'un air incrédule le téléviseur! *Ma mère va me tuer*, pense alors Rolland en se prenant la tête entre les mains. Est-ce possible? Est-il vraiment impliqué dans un meurtre ou va-t-il se réveiller d'une minute à l'autre? Il a la sensation d'un grand vide, comme s'il tombait dans un puits noir et sans fond. Mais la nausée qu'il ressent en ce moment achève de le convaincre qu'il est bien réveillé... réveillé et en plein cauchemar!

Au même moment, un élément nouveau survient l'enquête : des policiers retrouvent le véhicule de la victime, abandonné dans le stationnement d'un complexe domiciliaire situé tout près. Le détective Pigeon et son collègue s'y rendent immédiatement afin de voir ce que peut leur apprendre la camionnette bleue. Ils y trouvent un porte-papier, une poignée de bandes élastiques suspendues au bras de vitesse, sur la colonne de direction, et une casquette de base-ball noire. Du sang macule le panneau arrière et l'espace de chargement de la camionnette présente de grandes coulisses rouges. Pas de doute, l'agression a été d'une rare violence. Puis, en examinant le véhicule de plus près, un détail inusité attire leur attention. Des traces de peinture jaune sont clairement visibles sur la semelle des pneus et à l'intérieur des ailes; voilà qui indique que la camionnette a roulé récemment sur une rue dont les lignes ont été fraîchement peintes. Pigeon compose immédiatement le numéro des travaux publics et obtient la confirmation qu'il espérait : les rues de ce quartier ont été repeintes ce soir-là, peu de temps avant le meurtre! Voilà qui risque d'être fort utile car en analysant le temps de séchage de ce type de peinture, le parcours effectué par les employés municipaux affectés à cette tâche et les traces laissées par le véhicule, les policiers devraient pouvoir établir l'heure approximative du crime.

Pigeon sait qu'il n'a pas affaire à de simples voleurs; ceux qui ont commis ce geste sont sûrement de dangereux psychopathes et ils doivent être appréhendés au plus tôt avant qu'ils ne récidivent.

Pigeon rêve d'un café bien fort et réalise qu'il n'a rien avalé depuis qu'on l'a tiré de son sommeil pour enquêter sur les circonstances de la mort de l'homme qu'on vient d'emporter. Mais le café attendra puisque son équipier et lui apprennent que Savoie faisait toujours le plein à la même station-service de Gatineau peu avant de se rendre au travail. Ils doivent s'y rendre de toute urgence pour y récupérer la vidéo de surveillance. De fait, il s'avère que l'établissement a encore en main la bande vidéo où l'on peut voir Robert Savoie s'arrêter aux pompes à essence. Selon l'horodateur de la caméra, il était alors une heure dix. Or, les collègues du défunt ont découvert la victime vers deux heures vingt. Les enquêteurs estiment donc que l'agression a dû se produire quelque part entre une heure trente et deux heures.

Entre-temps, le véhicule est saisi comme pièce à conviction par les policiers. Il est remorqué à la fourrière pour y être examiné de près par des experts qui tenteront, entre autres, d'y relever des empreintes digitales. Pigeon se frotte les mains, satisfait; l'enquête progresse.

*****

Un des fils de Robert Savoie, Raymond, n'est pas à la maison paternelle ce jour-là. La famille n'a aucun moyen de le prévenir puisqu'il profite de la belle saison dans un chalet sans téléphone à Gracefield, en Haute-Gatineau. On dépêche un parent proche pour aller le chercher.

En milieu de matinée, Raymond Savoie s'emploie à couper

du bois quand il voit poindre la voiture de Denis Poirier, le frère de sa conjointe. Mais Denis et son frère Gilles qui l'accompagne ne sont pas là pour socialiser.

— Viens-t'en avec moi, *le King*. Il faut que je te ramène en ville.

Raymond est surpris. Le plus vieux des frères Savoie est plutôt bourru et puisqu'il ignore les événements de la nuit, il veut savoir pourquoi on interrompt ses vacances estivales.

— Ton père a eu un accident. C'est assez grave… embarque.

Alarmé, Raymond le suit. Gilles reste pour aider Suzanne, la conjointe de Raymond, à faire les bagages. La voiture fait route depuis déjà quelques minutes quand soudain, un bulletin d'informations attire l'attention du passager : «(…) un livreur de journaux du *Citizen* a été battu à mort aux Plaines Lebreton la nuit dernière (…)». Raymond Savoie croit avoir mal entendu et ne fait plus le moindre son pour mieux saisir ce qui est dit. Pas de doute… «Un livreur de journaux d'une soixantaine d'années a été victime d'un meurtre (…)». Raymond pousse un cri et se tourne vers Denis :

— C'est tu ça que tu voulais pas me dire?

Denis ne répond pas mais Raymond ne connaît qu'UN livreur assez fou pour attendre son chargement aux Plaines Lebreton au beau milieu de la nuit : son père! Les extraits d'entrevues présentés à la radio CJRC le lui confirment : l'homme battu à mort la nuit dernière est bien Robert Savoie! Denis fonce maintenant à toute allure, tandis que Raymond est graduellement aveuglé par la peine, la colère et un terrible sentiment d'impuissance.

— Pourquoi lui? Pourquoi ils lui ont fait ça? Pourquoi?

Mais ses questions restent sans réponse. La voiture s'immobilise enfin dans l'entrée du bungalow de la rue des Rédemptoristes. Bien qu'il se précipite vers la maison, Raymond a l'impression de courir au ralenti. Il arrache presque la porte d'entrée et arrive au beau milieu d'une scène qui ne laisse place à aucun doute : ses frères et sa mère sont là, l'air livide et le regard inexpressif de morts-vivants. Raymond s'effondre et pleure ce jour-là plus de larmes qu'il n'en a pleurées de toute sa vie. Puis, il sort un moment prendre l'air et, de rage, défonce à coups de pied la clôture qui borde le terrain.

*****

Au poste de police de la rue Elgin, les détectives discutent de la stratégie à suivre et conviennent de resserrer l'étau sur les deux suspects du taxi. Pigeon et son collègue veulent éviter les conclusions hâtives qui risqueraient d'envoyer des innocents derrière les barreaux. Ils font une recherche exhaustive et découvrent que les deux suspects sont bien connus des policiers, ayant chacun un dossier criminel plutôt chargé. De plus, le tamisage méticuleux des environs de la scène du crime leur permet de remarquer une boîte téléphonique maculée de sang à courte distance de là. Se pourrait-il que Robert Savoie y ait été agressé avant d'être traîné plus loin, là où son corps a été retrouvé? Pour ne pas courir de risque, la décision est prise d'envoyer une escouade tactique procéder à l'arrestation des deux hommes à la pointe du fusil.

Il ne faut que peu de temps aux agents spéciaux pour ramener leurs gibiers. Sous le regard curieux des fonctionnaires qui commencent leur journée de travail, les suspects appréhendés font leur entrée au poste de police et sont menés à la salle d'interrogatoire.

Mais si leur capture a été rapide, leur libération ne tardera pas non plus. On constate rapidement que les deux individus ont des alibis solides. De plus, certains détails clochent. En fait, quoi qu'ils aient fait de répréhensible ce soir-là, les deux hommes n'ont probablement rien à voir avec le meurtre de Robert Savoie. Pigeon hésite quand même à les remettre en liberté; les apparences peuvent être trompeuses et le duo est renvoyé derrière les barreaux.

En fin de matinée, l'état-major décide d'émettre un communiqué aux médias, demandant l'aide des citoyens du secteur qui auraient été témoins d'incidents suspects cette nuit-là. Ironiquement, c'est une autre tragédie qui permettra aux policiers de lever partiellement le voile sur les événements de la soirée. En effet, par une coïncidence morbide, les détectives réalisent qu'à l'heure présumée du meurtre, un très grave accident de la route est survenu à un coin de rue de l'endroit où le corps de Robert Savoie a été découvert! Le rapport policier fait état d'une voiture qui a fait plusieurs tonneaux à la suite d'une sortie de route. Or, la prise d'informations auprès des résidents du quartier par un patrouilleur permet de recueillir de troublantes révélations. L'agent demande à Mark Pigeon de rencontrer une dame. Celle-ci, attirée à l'extérieur par toute l'activité policière entourant l'accident, a croisé un jeune homme du voisinage qu'elle connaît depuis plusieurs années.

— J'ai vu Frank. Il était accompagné d'un autre jeune que je connais pas. J'ai trouvé ça bizarre de les voir s'en venir à deux heures et dix du matin!

— Frank? demande Mark Pigeon, intrigué. Frank qui?

Connaissez-vous son nom complet?

La réponse le frappe de plein fouet :

— Ben oui! C'est Frank Verner, dit la dame simplement.

Frank Verner! Pigeon connaît bien celui qu'il qualifie de jeune truand et de brute sans foi ni loi en raison de ses nombreux accrochages avec la justice, malgré ses 18 ans à peine sonnés. Les policiers l'avaient interrogé presque un an plus tôt, jour pour jour, relativement à une affaire d'agression armée. Accompagné de Jimmy Rolland, Verner s'était invité à une petite fête dans une résidence du chemin Baseline. Expulsés *manu militari* par l'hôte, Verner et son ami avaient alors sauvagement tabassé l'homme, avant de lui dérober une somme d'argent indéterminée. Des accusations de vol et d'agression armée avaient d'ailleurs été déposées contre les deux délinquants. La victime, qui avait vu la mort de près, avait finalement quitté la ville et refusé de témoigner, craignant pour sa vie. Puis un détail revient à l'esprit de Pigeon : les agresseurs avaient sauté «à pieds joints» sur la tête de leur victime avant de prendre la fuite. Or, tout indique que l'agresseur de Robert Savoie s'est principalement concentré sur «la tête de sa victime»!

La piste devient franchement plus intéressante que celle des deux suspects déjà arrêtés, qu'il fait relâcher. Quant à la boîte téléphonique de la rue Cambridge, l'enquêteur pense que le sang qui s'y trouvait pourrait provenir d'une autre, voire de plusieurs autres agressions puisqu'il n'est pas inhabituel pour les policiers de trouver du sang dans les boîtes téléphoniques du secteur. On décide donc d'abandonner cette piste également.

Pigeon sait que cette fois, il a la bonne cible. Il apprend que Verner réside avec sa mère dans un appartement tout près du lieu du meurtre. En s'y rendant pour reconnaître l'endroit, le détective réalise que l'appartement de Verner a une vue imprenable... sur le stationnement mal éclairé où le corps de Robert Savoie a été découvert gisant dans son sang!

Sur la trentaine de maisons visitées en début de matinée par les policiers, vingt-huit sont inoccupées, les résidents étant sûrement déjà partis au travail. Seules deux personnes sont présentes, mais toutes deux permettent à l'enquête de progresser de façon importante. La première a vu Verner vers deux heures dix du matin; la seconde révèle aussi des renseignements précieux aux enquêteurs. Ignorant tout du meurtre, ce citoyen indique avoir eu une troublante conversation avec Frank Verner cette nuit-là, alors qu'il observait la scène de l'accident.

— Tiens, Frank... (parlant de l'accident) Méchant crash, hein?

— Ouin... Écoute, si les policiers te le demandent, tu leur diras que j'étais avec toé à soir, OK?

Le citoyen l'avait alors toisé du regard, surpris, et avait répondu :

— Euh... es-tu impliqué là-dedans?

— Peut-être ben, avait dit Verner pour toute réponse avant de tourner les talons.

Mark Pigeon comprend qu'il détient là une information de la plus haute importance. En effet, à quel autre événement que le meurtre Verner pouvait-il faire allusion? L'enquêteur sait qu'il n'a rien à voir avec l'accident d'auto. Par ailleurs, les deux individus au comportement suspect du taxi de la compagnie *Blue Line* sont de race noire; il ne peut donc pas s'agir de Verner qui, lui, est de type caucasien. Voilà qui ne laisse qu'une possibilité : Verner parlait du meurtre de Robert Savoie.

À ce moment, Pigeon et son collègue commencent à percevoir de bonnes vibrations quant au déroulement de l'affaire. La journée leur apportera d'ailleurs un autre développement capital : les médias ont diffusé ce jour-là un appel à l'assistance du public pour quiconque détiendrait des informations relatives à cette affaire. Or, quand le téléphone de l'enquêteur Pigeon sonne, c'est justement un résident du quartier qui donne suite à l'appel entendu à la radio. Visiblement au courant des plus récents événements qui placent maintenant Frank Verner sur la liste des témoins importants, l'interlocuteur avise le détective Pigeon que le jeune homme est toujours accompagné d'un ami du nom de Jimmy Rolland. Voilà encore un nom familier pour le policier, qui connaît très bien Rolland pour son rôle dans l'incident violent de l'année précédente, mais aussi pour son implication dans le meurtre d'un jeune étudiant d'Angleterre, abattu sans raison en pleine rue à Ottawa; Rolland était celui qui avait procuré au meurtrier les munitions qui avaient servi à abattre Nicholas Kingsburry!

Pigeon connaît donc Rolland ET Verner, en plus de savoir maintenant que les deux adolescents se côtoient toujours. Le détective se rend compte qu'il a affaire à un duo ayant amplement démontré sa capacité à commettre un meurtre d'une pareille violence. Sans tarder, il met les deux jeunes sous surveillance policière pour connaître leurs allées et venues, mais il sait qu'il ne peut pas les faire arrêter pour l'instant. Faute de preuves, les coffrer ne servirait qu'à leur donner l'occasion de lui faire un pied de nez, avant de reprendre leur liberté et de faire disparaître des éléments de preuves incriminants. Mais il tient à les avoir à l'œil.

La famille ne peut repousser plus longtemps l'identification du corps. En cet après-midi du 24 août, Raymond, Pierre et Bobby se rendent à l'Hôpital général d'Ottawa. Ils n'ont jamais mis les pieds dans une morgue et ne peuvent s'empêcher de penser que l'endroit est bien froid et inhospitalier pour accueillir la dépouille paternelle. Un préposé consulte un fichier puis se dirige avec eux, sans émotion aucune, vers une série de portes métalliques faisant environ cent centimètres sur cent. Il ouvre une porte et tire une sorte de tablette sur laquelle repose le corps recouvert d'un drap.

Il règne une odeur indescriptible dans la pièce; Bobby se sent étourdi. Le préposé prévient les frères Savoie qu'ils devront peut-être s'en tenir à l'identification des vêtements de leur père, dont le visage a été rendu méconnaissable. Bobby n'a aucune difficulté à identifier la veste, qu'il a vu son père porter tous les soirs au travail, et n'a besoin que d'un coup d'œil au corps pour l'identifier sur-le-champ. Pas d'erreur; c'est bien lui qui est là, étendu, immobile et froid.

Est-ce l'effet d'une curiosité morbide ou parce qu'il espère encore un miracle insensé? Nul ne sait ce qui passe par la tête de Raymond lorsqu'il demande enfin à voir le visage. Le préposé acquiesce et lève le voile délicatement. L'image, que Raymond sera le seul à voir, restera à jamais gravée dans sa mémoire. Plusieurs mois plus tard, elle viendra encore le hanter, de nuit comme de jour.

*****

En rentrant au bureau de la rue Elgin ce soir-là, Mark Pigeon repasse les éléments dont il dispose jusqu'à présent :

- Deux témoins placent Frank Verner à proximité de la scène du crime peu après le meurtre.
- Celui-ci aurait dit à un témoin de mentir sur ses activités des heures précédentes.
- Verner et Rolland sont toujours ensemble.
- Le duo aurait sauvagement battu un résident d'Ottawa un an plus tôt, presque jour pour jour, et dans des circonstances similaires.
- Rolland a aussi été impliqué dans le meurtre gratuit de Nicholas Kingsburry.
- Les suspects habitent à proximité du lieu du meurtre.
- Ils avaient le motif, l'occasion et même la méthode.

Pigeon est convaincu que, par paresse, les deux récidivistes auraient fort bien pu choisir une victime facile pour commettre leur vol. *Cette nuit-là, ils ont choisi Robert Savoie*, se dit-il, maintenant sûr d'être sur la bonne piste.

Étrangement, un des éléments les plus éprouvant d'une enquête policière n'est pas l'absence, mais plutôt le trop-plein d'informations... surtout quand elles vous arrivent toutes en même temps! Aujourd'hui, par exemple, le détective a eu droit à une fin d'après-midi délirante : pendant qu'il parlait à un témoin au téléphone, une autre personne attendait pour lui parler sur l'autre ligne; au même moment, des journalistes s'impatientaient et attendaient LA déclaration juteuse pour le bulletin de dix-huit heures; et puis, il y a la famille de Robert Savoie... sa veuve Mariette et son fils Bobby, entre autres, qui auraient mille questions à lui poser. Mark Pigeon hausse les épaules; c'est cette intensité, cette suite de triomphes et de déceptions qui rendent son travail fascinant.

22 h 30. Le policier observe distraitement une jolie détective aux cheveux longs qui s'affaire à cuisiner son témoin dans une histoire de meurtre. L'homme est préposé dans une station-service et jouit apparemment d'une mémoire

infaillible, se rappelant dans le menu détail les deux passagers occupant l'une des deux cents quelques voitures qui sont passées devant lui aujourd'hui. Et, bien sûr, la crédibilité de ce témoin ne saurait être remise en cause. Pause publicitaire.

Pigeon éteint son téléviseur, songeant que le travail de détective n'a rien à voir avec ces espèces de fabulations présentées chaque semaine au petit écran par des producteurs d'Hollywood. Le policier monte enfin se coucher. Il est debout depuis près de vingt heures.

La journée du vendredi consiste essentiellement à vérifier et revérifier chaque parcelle d'information recueillie jusqu'à présent dans l'affaire Savoie. Si seulement Pigeon avait le luxe de pouvoir s'y consacrer à cent pour cent! Mais il y a d'autres affaires criminelles qui demandent son attention immédiate et la journée passe rapidement, apportant peu d'éléments nouveaux.

Le poste de police est une véritable ruche. Les collègues de Pigeon s'affairent pour la plupart à boucler les dossiers qui seront présentés lundi devant les tribunaux. À travers tout ce brouhaha retentit encore le téléphone. Il est près de dix-neuf heures trente. Mark Pigeon est toujours au travail et la journée lui réserve sa plus grosse surprise. Au bout du fil, un avocat lui annonce qu'un de ses clients détient des informations importantes concernant le meurtre du livreur de journaux. *Bingo!*, se dit l'enquêteur. Il sait très bien ce que les mots «client» et «informations importantes» signifient : un des meurtriers sent que la police est sur sa trace et veut marchander sa reddition. Pigeon n'est d'ailleurs pas déçu puisque l'avocat enchaîne justement avec une proposition qui en dit long : le «client» veut obtenir l'immunité contre sa déposition.

Contrairement à ce qui se passe à Hollywood, la police d'Ottawa a pour politique de ne jamais s'engager à offrir l'immunité aveugle et, d'ailleurs, n'a pas le pouvoir juridique de le faire. Pigeon consent toutefois à ne pas déposer d'accusations contre lui s'il s'avère que le suspect n'a pas joué un rôle de premier plan ou s'il n'a été qu'accessoire dans la commission du crime. Cette façon d'agir peut paraître immorale quand on est en présence d'un crime violent, mais elle se révèle souvent la seule façon d'amener des criminels devant les tribunaux, grâce à des informations ou des pièces à conviction que les policiers n'auraient pu avoir autrement. Les deux parties s'entendent pour se rencontrer au poste de police.

Les enquêteurs sont surpris de voir l'avocat accompagné non pas de Jimmy Rolland ou de Frank Verner comme ils s'y attendaient, mais plutôt par un autre individu qu'ils connaissent bien malgré son jeune âge. À 18 ans, Mathieu David mesure près de deux mètres et fait aisément quatre-vingt-dix kilos. Au moment où il atteint l'âge légal, il possède déjà une feuille de route que certains criminels endurcis lui envieraient. Sans dire qu'il a le crime écrit sur le visage, il est tout de même ce genre d'adolescent qui a grandi trop vite dans un monde d'adultes. Chez les policiers, on croit que son père a été assassiné alors qu'il était en prison aux États-Unis. Mark Pigeon a le sentiment que les yeux du jeune homme ont vu plus de crimes se commettre dans les sept derniers jours que la plupart des citoyens ordinaires n'en verront au cours de leur vie entière.

Mathieu David prend place sur une chaise banale et plutôt inconfortable dans la petite salle d'interrogatoire pour livrer sa version des faits de la nuit précédente. Par précaution, la séance est enregistrée sur vidéo, ce qui s'avère parfois bien pratique lorsqu'un témoin décide de changer son témoignage une fois rendu à procès... D'entrée de jeu, il confirme les soupçons des policiers.

— Oui, Rolland pis Verner étaient là. On s'est rencontrés comme avant-hier, je sais plus à quelle heure. On a pris une crisse de brosse pis fumé une couple de joints. Là, on savait pas quoi faire. On a décidé d'aller faire un tour dans le char à Verner. Mais la batterie de son char était morte. Ça fait qu'on a décidé d'en «emprunter» une d'un autre char *parké* pas loin. Ha! Ha! On n'a pas été chanceux... ce char-là avait pas de batterie non plus! C'est là qu'on a vu le truck du bonhomme...

— ... et que vous l'avez battu à mort pour son camion et un gros cinquante-cinq piastres?

— Pas moé! Eille! J'ai rien à voir là-dedans, moé, osti! C'est Frank pis chose... Jimmy qui l'ont tué. Moé, pendant ce temps-là, je faisais le guet, tsé. J'étais le *watcher*... Ha! Ha!

— Tu faisais le guet?

— Ben... ouin, là.

— Et à quelle distance étais-tu de Jimmy et Frank?

— Euh... je sais pas. À une centaine de pieds ou, comme... plus loin, je crois.

Le témoin affirme ensuite que ce sont Verner et Rolland qui se sont emparés du camion, pour l'abandonner dans le stationnement d'une maison voisine. Selon David, il en a lui-même profité pour quitter ses deux amis et retourner auprès de son amie de cœur, dans le quartier Westboro. Mais Verner et Rolland ne l'auraient pas entendu ainsi. Ils se seraient rendus chez David pour le forcer à les aider à se débarrasser des vêtements ensanglantés.

— Comme ça, dit-il, Frank pis Jimmy voulaient être sûrs que j'étais complice avec eux autres vu que j'étais là, moi aussi. Ils ont dit que j'irais pas les «vendre» à la police à cause des vêtements. Moé, osti, j'avais peur, tsé. Je leur ai parlé d'un conteneur à vidanges que j'avais déjà vu dans le coin où il y a les bâtisses du gouvernement... *Tuney's Pasture*, tsé, là? On y a été pour jeter les vêtements pleins de sang. Ben, ils les ont enlevés avant... Ha! Ha!... pis ils les ont mis dans un sac après.

Mark Pigeon reste pensif. Les gestes, les acteurs, l'heure des événements, tout concorde avec ce que le policier connaît du drame. Le récit de David est plausible. Il estime qu'il est temps de valider le tout en posant de petites questions pièges. Dans toute enquête policière qui se respecte, le détective garde pour lui certaines informations qui ne sont connues que du criminel et des policiers. Encore là, David fait mouche en donnant des réponses précises. Si Pigeon ne peut affirmer que le jeune homme n'a eu qu'un rôle secondaire dans cette affaire, il ne fait nul doute en revanche qu'il était bien sur les lieux du crime au moment du meurtre. Mais une chose le tracasse : Mathieu David est non seulement connu des policiers pour sa longue feuille de route, il l'est aussi pour ses problèmes psychologiques. Le garçon lui-même ne s'en cache pas et n'hésite pas à le reconnaître durant son interrogatoire.

Le passé psychiatrique d'un individu peut accréditer sa participation à un meurtre devant le tribunal. Mais il peut aussi se retourner contre les policiers : il suffirait que l'avocat de Mathieu démontre à la cour que son client ne comprend pas la gravité des procédures dans lesquelles il est impliqué, ou alors que le témoin décide de changer sa version au gré de son humeur... Très vite, les enquêteurs établissent que le suspect devant eux est tissé de la même laine dont sont faits ses complices : enfance difficile, histoire de violence familiale, série de mauvais choix de vie, malchance... La recette parfaite pour mijoter un criminel en puissance est commune aux trois amis.

David n'a aucune difficulté à reconnaître Verner et Rolland dans la série de *mugshots*[2] qu'on lui présente. L'identification formelle des photos est jugée nécessaire par les policiers, à titre de précaution supplémentaire dans l'élaboration du dossier d'enquête.

Mark Pigeon est satisfait. Après avoir adressé à David et son avocat les consignes d'usage, il prend quelques minutes pour appeler la famille Savoie.

— Madame Savoie, j'ai une bonne nouvelle pour vous : on a un témoin important et on va arrêter les deux présumés meurtriers de votre mari au cours des prochaines heures!

Au bout du fil, Mariette Savoie pousse un soupir qui peut autant passer pour un grand soulagement qu'une profonde amertume. Bien sûr, elle se sent rassurée de savoir que ceux qui lui ont enlevé son mari et qui ont ainsi bouleversé sa vie sont tombés dans le filet des policiers et feront face à la justice, mais elle sait que cette bonne nouvelle ne lui rendra pas son défunt époux. Mariette raccroche le combiné et transmet l'information à ses fils qui, peut-être pour la première fois de leur vie, apprécient le travail d'un policier!

Le meurtre de Robert Savoie a été commis vers une heure quarante-cinq du matin, dans la nuit du 23 au 24 août. Exactement quarante-cinq heures plus tard, les policiers se

---

[2] Mugshots : photos de gens qui ont un casier judiciaire, conservées par la police et utilisées pour identifier un témoin important dans un délit.

présentent au domicile de Frank Verner, où ce dernier se trouve en compagnie de Jimmy Rolland. Les deux adolescents sont mis en état d'arrestation et emmenés au poste de police sans opposer de résistance. Étrangement, ni l'un ni l'autre ne se prévaut de son droit d'être représenté par un avocat à l'interrogatoire et les deux amis n'offrent aucun aveu, ni aucune collaboration aux policiers. Les dossiers de la police d'Ottawa ne font état d'aucun signe de remords, de nervosité ou d'émotion quelconque. Les enquêteurs attestent par ailleurs qu'au moment de leur arrestation, les présumés complices ne sont pas sous l'influence de drogue ou d'alcool. On les fait déshabiller pour prendre des photos qui documenteront toute blessure ou ecchymose qu'ils portent déjà, de manière à empêcher les fausses plaintes pour traitement abusif pendant qu'ils seront derrière les barreaux.

Tout au long de leur interrogatoire, les deux suspects jouent les durs, sont sur la défensive, fuient les regards des détectives lorsque ces derniers s'adressent à eux et ne bronchent pas lorsqu'on leur révèle la nature des accusations portées contre l'un et l'autre. C'est justement ce qui frappe les policiers. En effet, une personne injustement accusée d'un crime qu'elle n'a pas commis – à plus forte raison quand il s'agit d'un meurtre – se défendra comme un diable dans l'eau bénite et offrira rapidement les alibis ou preuves qui la disculperont. Or, Pigeon croit que l'attitude des suspects démontre qu'ils se savent coupables de *quelque chose*. De plus, bien que la gratuité du crime ait choqué l'ensemble de la population, ni les détails du meurtre, ni les photos insoutenables du corps atrocement défiguré de leur victime ne suscitent la moindre réaction chez Verner et Rolland. De fait, ils ne répondent à aucune question des policiers. Seul Frank prononcera quelques mots lors de sa rencontre avec Mark Pigeon. Le détective revient donc tenter un rapprochement avec son jeune dur à cuire.

— Frank, ai-je besoin de te rappeler que c'est moi qui ai procédé à ton arrestation il y a un an quand tu as sauvagement battu ce gars sur [le chemin] Baseline. J'espère que tu ne me laisseras pas tomber cette fois-ci non plus.

Verner esquisse un sourire et répond d'un ton sarcastique :

— Non, je te laisserai pas tomber.

*****

Mark Pigeon se sent une sympathie naturelle pour Mariette Savoie. Lui-même natif du Québec d'une mère francophone, il ne peut s'empêcher de remarquer à quel point cette mère de famille lui rappelle la sienne. C'est donc avec un certain empressement qu'il contacte à nouveau la famille Savoie pour les mettre au fait des progrès de l'enquête. Cependant, puisqu'elle vit très difficilement son deuil, la veuve n'offre aucune réaction particulière. En fait, Pigeon peut clairement palper un sentiment de frustration et d'amertume chez elle et ses enfants. Ceux-ci ne sont d'ailleurs pas prêts d'accepter le départ de leur père dans des circonstances aussi tragiques. Il faudra même plusieurs années encore avant que le détective sente un changement d'attitude de leur part.

La police dispose de peu de temps pour déposer ses accusations contre Rolland et Verner. Selon la loi, elle doit agir dans les vingt-quatre heures après l'arrestation des suspects. Le détective Pigeon, qui reste pendu depuis près d'une heure au téléphone, donnerait cher pour que la loi soit amendée tout de suite, de façon à ce que les policiers aient le plus de temps possible pour mieux étoffer leur dossier. Mais il n'a pas ce luxe et après consultation avec la procureure de la couronne, des accusations de meurtre au second degré sont finalement déposées contre les deux jeunes hommes.

Rapidement, la nouvelle de l'arrestation et de la mise en accusation de deux suspects se répand comme une traînée de poudre dans les médias de la Capitale. Tous veulent voir le visage des assassins qui ont si lâchement pris la vie d'un honnête travailleur et père de famille. Le peuple ne sera pas déçu puisque dès le lendemain de la mise en accusation, les photos de Jimmy Rolland et Frank Verner font la première page des journaux. Les médias s'en donnent à cœur joie; les accusés ont plus de dix-huit ans et leur identité n'a pas à être cachée, comme ce serait le cas s'il s'agissait de mineurs.

Au risque de laisser échapper de précieuses pièces à conviction, ce n'est que vers vingt heures le samedi soir que Pigeon, Dorrance, David, sa mère et l'avocat de Mathieu se rendront au conteneur à déchets où les meurtriers ont fait disparaître leurs vêtements trois jours plus tôt.

Rien ne semble expliquer pourquoi les policiers mettent tant de temps à procéder en ce sens... Évidemment, les accusés sont maintenant derrière les barreaux et les policiers n'ont pas à craindre de les voir tenter de faire disparaître la preuve. Mais si les éboueurs ont fait leur collecte hebdomadaire...

Les policiers jouent de chance car les vêtements abandonnés se trouvent bel et bien là où Mathieu l'indique. Mark Pigeon n'a aucune difficulté à constater la présence des vêtements. Toutefois, il réalise bien vite qu'il ne peut y toucher! C'est qu'en vertu de la loi ontarienne, les déchets mis à la rue sont réputés avoir été abandonnés et, par conséquent, ils n'appartiennent plus à personne. Or, ces pièces à conviction sont dans un conteneur qui, lui, appartient à une compagnie de gestion des déchets et le réceptacle est placé en bordure des édifices gouvernementaux de *Tunney's Pasture*. Techniquement, les vêtements ensanglantés leur appartiennent maintenant et la police ne peut les saisir sans avoir un mandat! La saisie se serait probablement faite avec la collaboration de l'entreprise mais pour ne rien laisser au hasard, un mandat est demandé et obtenu. Les vêtements sont prestement récupérés et acheminés au laboratoire d'identité judiciaire, afin qu'on y prélève des échantillons de traces de sang.

Obtenus dans les règles de l'art, ces échantillons s'avéreront précieux dans l'élaboration du dossier. L'examen minutieux des vêtements et des espadrilles de Verner et Rolland permet de découvrir des gouttes de sang et même des traces de peinture jaune, que l'on croit être la même que celle retrouvée sur les pneus du véhicule volé. Si ces traces proviennent bien de la ligne jaune fraîchement repeinte sur la chaussée à proximité de la scène du crime, comme le croit Pigeon, cet élément de preuve vient donc placer le propriétaire des vêtements dans le véhicule volé, le soir même du meurtre.

CHAPITRE 3

Bien que les vêtements trouvés dans le conteneur soient des preuves directes, les enquêteurs n'auraient pu mettre la main dessus sans le témoignage de Mathieu David. Or, si la crédibilité de David est détruite en cour, les policiers craignent que la pertinence de ces éléments clés puisse alors être remise en question. La preuve n'aurait été inattaquable que si un policier les avait découverts au hasard des recherches!

L'autre difficulté consiste à déterminer à qui, au juste, appartient chaque pièce de vêtement. Verner est un peu plus gros que Rolland mais pas de beaucoup, ce qui fait que la taille de leurs vêtements est assez similaire. Encore une fois, ce sera Mathieu qui viendra à la rescousse des policiers en donnant une description détaillée des vêtements que portaient ses deux amis dans la nuit du 24 août.

Si la police d'Ottawa avait eu la conviction que Verner et Rolland avaient mûri l'assassinat de Savoie, le duo aurait fait face à une accusation de meurtre au premier degré ou de meurtre prémédité. Or, rien n'indique que les trois adolescents avaient prévu ou planifié la mort de leur victime. En effet, les informations dont les limiers disposent permettent plutôt de croire que c'est l'agression qui était préméditée; les agresseurs savaient qu'il y avait un risque que Robert Savoie en meurt, mais cette mort, bien que possible et même probable, n'avait pas été *planifiée* comme telle. Ils font donc face à une accusation de meurtre au second degré. Enfin, si par exemple la victime avait été frappée au visage, qu'en tombant au sol elle s'était heurtée la tête et était morte des suites de ses blessures, Verner et Rolland auraient alors plutôt fait face à une accusation d'homicide involontaire.

C'est en interrogeant David que Mark Pigeon acquiert la conviction qu'il s'agit d'un meurtre au second degré. L'enquêteur a d'ailleurs clairement posé la question au jeune homme :

— Est-ce qu'à un moment ou un autre, vous avez parlé de le tuer? Y avait-il quoi que ce soit de prémédité dans ce meurtre?

— Non. On voulait juste son argent pis ses clés de *truck*... Nous autres, tout ce qu'on voulait dans le fond, c'est sa batterie.

Forts des progrès récents de l'enquête, Pigeon et son collègue Dan Dorrance font le point. L'histoire prend forme, les principaux acteurs sont en place et les pièces à conviction sont envoyées au labo pour expertise. Mais en révisant leurs notes de l'interrogatoire, les enquêteurs réalisent que David s'est prudemment exclu des événements du 24 août 1995. En aucun temps se décrit-il sur la scène ou participant d'une manière ou d'une autre au meurtre dont il dit avoir été témoin. C'est une lacune qu'un bon avocat de la défense saurait sûrement exploiter.

Pigeon constate également qu'il a fait une erreur importante : tout au long de l'interrogatoire, il n'a pas songé à demander à David de remettre aux policiers les vêtements que LUI portait le soir du meurtre. Mathieu est donc invité à une seconde rencontre pour éclaircir son rôle dans le drame. L'informateur acquiesce sans hésiter et se présente à nouveau aux bureaux de la rue Elgin en compagnie de son avocat le dimanche soir 27 août.

Une enquête policière est un processus où l'on s'emploie davantage à fermer des portes qu'à en ouvrir, en ce sens que pour progresser, les policiers doivent éliminer des possibilités de scénario, des échappatoires et toute «porte» par laquelle un accusé pourrait glisser entre les mains de la justice. Cette manière de faire a deux objectifs : éviter qu'un criminel échappe à la prison, mais également s'assurer qu'un innocent n'y soit envoyé par erreur ou sur des preuves purement circonstancielles. Les enquêteurs proposent donc à David de recréer la scène du drame et de filmer le tout afin d'obtenir une meilleure compréhension des événements. Le jeune homme accepte. Puis, sa mère remet aux policiers les vêtements que portait son fils le soir du meurtre. Sans surprise, les vêtements ont été lavés et ne montrent aucune tache de sang apparente. Les enquêteurs les prennent quand même, puis Pigeon remarque les espadrilles que David a aux pieds.

— Est-ce que ce sont celles que tu portais le soir du meurtre? lui demande-t-il, en pointant les souliers de course.

— Euh… ouin, je pense, répond David d'une voix incertaine.

— Les as-tu lavées depuis mercredi? poursuit Pigeon candidement.

— Non, ils sont restés dans mon garde-robe.

Intérieurement, Pigeon jubile. Il demande à Mathieu de retirer ses espadrilles et de les lui donner. David hésite, non pas que dans son esprit ses espadrilles puissent le trahir, mais c'est qu'il se retrouvera en chaussettes! Il s'exécute quand même, sur l'avis de son avocat. Les souliers sont immédiatement remis au labo pour expertise.

David est comme un grand enfant dans un corps d'adulte. À un mètre quatre-vingt, il paraît plus jeune que son âge. S'exprimant en anglais avec un fort accent français, il laisse transparaître une éducation plus qu'approximative. Son regard fuyant trahit ses problèmes mentaux et sa conversation épicée tantôt de rires et de moments sérieux, semble contrôlée par un interrupteur dont les mouvements seraient aléatoires. Bien qu'il collabore avec les enquêteurs, ces derniers commencent à noter des changements dans le compte rendu qu'il fait des événements.

Ainsi, dans sa première version, David se dit forcé par ses complices à mettre les vêtements lui-même dans le conteneur. Mais lors de son second interrogatoire, il affirme plutôt ne pas avoir été là au moment où Frank et Jimmy se sont débarrassés des vêtements tachés du sang de Robert Savoie! Les policiers sont perplexes. Visiblement, David tronque la vérité. Omission, mensonges et oublis parsèment maintenant ses deux témoignages. Pigeon et Dorrance se consultent. Voilà que leur témoin clé prend des airs de menteur pathologique! Les avocats de la défense ne manqueront sûrement pas de le remarquer et de miner inexorablement la crédibilité de celui sur qui, en grande partie, reposent les accusations contre Verner et Rolland!

— Tu sais qu'ils vont nous tailler en pièces, confie Pigeon à son collègue.

L'heure est grave. Les enquêteurs décident d'acculer Mathieu au pied du mur; son sauf-conduit le mettant à l'abri d'une poursuite ne sera valide que s'il dit la vérité, TOUTE la vérité, sans ajouts, ni omissions. Pigeon et Dorrance savent maintenant très bien ce qui s'est passé la nuit où deux adolescents ont battu à mort un livreur de journaux de 63 ans. La partie «facile» de l'affaire est terminée. Le plus difficile reste à faire : *prouver* hors de tout doute, devant le tribunal, que Verner et Rolland ont bien posé les gestes dont ils sont accusés!

*****

Pendant ce temps, la famille de Robert Savoie doit s'occuper des formalités funéraires. Sur l'insistance de Pierre, Mariette a demandé à l'entrepreneur Serge Legault de faire tout en son possible pour que l'exposition de la dépouille se fasse à cercueil ouvert. L'embaumeur a accepté sans rien pouvoir promettre. Avant que ne débutent les visites au salon, Legault remet Robert Savoie à sa famille, après avoir mis dix-huit heures de travail dans la reconstitution du visage du défunt. Il insiste cependant sur un point : personne ne doit toucher au visage, qu'il compare à une assiette de porcelaine brisée en petits morceaux et qui demeure fragile même si elle est recollée. Mariette demande à ce que les funérailles aient lieues le mardi suivant en la vieille église St-Joseph de Hull.

La cérémonie religieuse, marquée par la présence massive

de médias provenant des deux côtés de la rivière des Outaouais, fait aussi l'objet d'un défilé de quatre-vingt-dix livreurs de journaux venus montrer leur sympathie à la famille et leur solidarité dans l'épreuve, à la suite du décès d'un des leurs.

Lorsque les premiers chants religieux remplissent l'air de ce début d'après-midi du 29 août, l'église en pierres du boulevard St-Joseph à Hull déborde littéralement. Certains curieux attendent même dehors, espérant capter quelques mots de l'homélie ou même un furtif moment d'intimité de la famille éplorée. Dans la vieille église, l'atmosphère s'alourdit de la chaleur de la journée, ce qui n'aide en rien à apaiser l'inconfort de la famille du disparu. Les notes de musique n'en finissent plus de résonner sur les murs quand le célébrant fait son entrée, à la tête du cortège funèbre. Le silence s'installe peu à peu, à peine rompu par le babil d'un bambin qui semble indifférent à la cérémonie qui l'entoure.

— Prions le Seigneur.

Si son sacerdoce lui dicte de prêcher l'amour et le pardon, l'abbé Jacques Robert ne cache pas pour autant la violence et la gratuité du meurtre. Probablement inspiré par les propos de la famille et les développements plus récents de l'enquête, il ne manque pas de souligner l'égarement de la société dans son homélie.

— C'est à cause de la drogue que tout est devenu comme ça, dit-il à la famille et à l'assemblée des fidèles entassés.

Mais si on peut entendre des références au «pardon» à quelques reprises durant la messe, elles n'ont pas trouvé écho aux oreilles des cinq frères Savoie, pour qui la seule véritable paix de l'âme passe par la vengeance. Compte tenu du gabarit des rejetons Savoie, on peut imaginer que les meurtriers sont dans leurs petits souliers...

Robert Savoie Sr est finalement porté en terre à peine quarante-huit heures avant que n'arrivent septembre et ses couleurs, dans le petit cimetière Notre-Dame de Gatineau. Le granit de couleur sombre qui surmonte la tombe indique simplement :

ROBERT (BULL) SAVOIE, 1932 – 1995
ÉPOUX DE MARIETTE PROULX, 1931 –

*****

L'enquêteur Mark Pigeon reste en contact régulier avec la veuve de Robert Savoie et ses enfants. Il donne autant d'informations que ce que les progrès de l'enquête lui permettent. Mais il ne se résout pas pour l'instant à leur parler du cas «Mathieu David». La famille devra s'en tenir à la version des faits qui sera présentée au tribunal, selon laquelle ce sont Rolland et Verner qui ont commis le meurtre.

Si les Savoie se disent soulagés d'apprendre que les assassins ont été appréhendés rapidement, les cinq frères doivent par contre ronger leur frein. En effet, on leur demande de ne pas assister au début des procédures judiciaires, la couronne craignant que leur présence dans la salle d'audience n'affecte le déroulement du procès. En réalité, la réputation des enfants de Robert Savoie les ont précédés au Palais de justice de Hull; si l'un ou l'autre des frères arrive à mettre la main sur les accusés, il n'hésitera probablement pas à les tuer de sang froid. Les agents de sécurité de l'endroit se méfient particulièrement de Bobby. On dit que le jeune homme de 28 ans a mauvais caractère et qu'il est fort comme un bœuf. Certains policiers confient d'ailleurs en avoir conservé le douloureux souvenir...

Un événement qui se produit dans les jours suivants ne vient en rien arranger les choses. Une fois les expertises policières terminées, les enquêteurs n'ont plus besoin du véhicule de Robert Savoie, qui se trouve à la fourrière municipale d'Ottawa et qui doit être rendue à la famille. Bobby a décidé de reprendre la route de journaux de son père mais, pour ce faire, il doit d'abord récupérer la camionnette bleue à la fourrière. Une fois les formalités d'usage expédiées, il obtient les clés du véhicule. Au moment d'ouvrir la portière pour monter à bord, il voit que les policiers ont répandu de la poudre blanche partout à l'intérieur et à l'extérieur de la Chevrolet, dans leur recherche des empreintes digitales des meurtriers. Il devra donc commencer par laver le véhicule et son premier arrêt sera au lave-auto de Gatineau. Alors qu'il roule, Bobby est absorbé par ses pensées; le fait de reprendre la camionnette de son père défunt ravive des plaies encore trop sensibles pour lui.

Arrivé au lave-auto du boulevard Maloney où il a l'habitude d'aller, Robert Jr tente d'oublier le drame en s'absorbant dans sa tâche. Le jeune homme lave l'extérieur de l'habitacle tout en ressentant un profond malaise. Puis, au moment où il ouvre le panneau arrière de la camionnette, il reste bouche bée : l'espace de chargement est maculé de sang! Le sang de son père, répandu lors du meurtre, s'est étalé en de grandes coulisses qui s'étirent en suivant la forme gaufrée du revêtement de la caisse. Bobby tente de surmonter sa détresse grandissante en s'attaquant à la tâche avec le fusil à pression pour laver la caisse. Mais dans sa hâte d'en finir avec ce travail macabre, il ne réussit qu'à s'éclabousser. Tout à coup, il réalise que son visage et ses vêtements sont couverts de perles rouge et roses… c'est le sang de son père qui semble lui brûler la peau! Cette fois, c'est trop pour le colosse qui perd la carte et se met à hurler de rage, frappant tout ce qui se trouve autour de lui en pleurant de désespoir. Ce vacarme bien inhabituel attire un client du lave-auto.

— Eille! Es-tu correct? Ça va pas?

Prisonnier de sa bulle de rage et de peine, Bobby ne voit même pas l'étranger qui s'adresse à lui. Jamais il ne s'est senti si seul. Lui que ses amis disent coriace, il ne s'est jamais senti si faible, si impuissant.

En ville, l'opinion publique ne tarde pas à s'exprimer librement sur les lignes ouvertes à la radio, à la machine à café ou à la taverne du coin : «Encore des adolescents laissés à eux-mêmes» ou «Encore la maudite drogue» sont les ritournelles les plus souvent répétées. Les visages de Frank Verner et Jimmy Rolland font la une des journaux. L'un est plutôt beau garçon, le visage carré mais un regard impitoyable émane de ses yeux d'acier, ses cheveux blonds sont rabattus vers l'arrière et portés longs sur sa nuque. On pourrait facilement voir en lui le joueur étoile d'une équipe de hockey professionnelle. Son présumé complice, Jimmy, n'a pas été aussi gâté par la nature : l'air adolescent, la tignasse épaisse et plutôt foncée, le visage étroit, on l'imagine facilement assis sur le divan du salon à regarder la télé. Sur la photo d'archives remise aux médias, ses yeux mi-clos lui confèrent un air perdu comme s'il était encore sous l'effet de la drogue. Qu'importe! La famille et le bon peuple peuvent enfin mettre des visages sur un crime horrible.

*****

Chez les Savoie, Pierre s'occupe de régler la succession et voit à aider sa mère au quotidien. Mariette éprouve beaucoup de difficulté à se remettre de la mort de celui qu'elle avait épousé voilà bientôt quarante ans, d'autant plus que Robert agissait comme le pourvoyeur de la famille. Elle doit donc apprendre à compter sur elle-même pour l'ensemble des petites choses quotidiennes dont son mari avait pris charge, ce qui ajoute à son sentiment de détresse. Ironie du sort, c'est son anniversaire de mariage qu'elle allait célébrer en famille ces jours-ci. Au lieu de cela, c'est pour des funérailles que la parenté se rassemble.

— Ceux qui ont pris la vie de mon mari, ils ont aucune idée du mal qu'ils ont fait, déclarera-t-elle un jour à un journaliste. Notre vie a tellement changé depuis la mort de Robert...

La phrase tombe elle aussi sans vie, comme si en cette nuit fatidique du 24 août, c'était la moitié de sa vie à elle qu'elle avait perdue.

Et au fond, c'est exactement ce qui lui est arrivé.

*****

La date de l'enquête préliminaire approche à grands pas. Le 26 septembre 1995, une petite montagne de documents est déposée en cour. À ce moment, il manque encore aux policiers les résultats des examens de laboratoire sur les vêtements ensanglantés. La procédure est très longue et il faudra encore attendre plusieurs mois avant d'en obtenir copie. L'expertise se veut très complète et comprend les gouttes de sang sur le véhicule, sur les vêtements et sur les espadrilles de Mathieu.

Le jour où s'ouvrent les procédures en cour, il n'est pas rare de voir l'un ou l'autre des agents de sécurité venir faire un brin de jasette aux frères Savoie, histoire de prévenir plutôt que d'avoir à guérir.

— Il me semble que je te connais, toi, dit l'un d'eux à Bobby.

Mais ce dernier ne porte pas l'uniforme dans son cœur. Lui, ami d'un agent? Et puis quoi, encore! Il rabroue donc rapidement toute tentative d'être amadoué. Jetant au gardien un regard dédaigneux, il rétorque sèchement :

— Quessé tu dis là? Tu sais ben que non! Je veux rien savoir de toé, moé!

Les Savoie occupent le premier rang de la salle d'audience numéro 4 du Palais de justice d'Ottawa, où se tient l'audience de la Cour provinciale pour le district de l'Est ontarien.

Une enquête préliminaire, comme son nom l'indique, est la procédure légale qui précède un procès aux assises criminelles. Elle permet essentiellement de déterminer si la cause doit ou non être entendue et donne également lieu à l'enregistrement du plaidoyer de l'accusé. Lorsque le juge l'informe des accusations portées contre lui, l'intimé peut alors indiquer s'il s'en déclare coupable ou non.

Ce jour-là, Bobby se sent profondément troublé. La cause est appelée et alors que les agents du palais de justice se lèvent pour aller chercher les accusés, le plus jeune des frères Savoie ne peut retenir ses larmes. La rage au cœur, il tremble de tout son être et a peine à se maîtriser. La tête lui tourne. Le décor tout autour s'assombrit. Il ne voit plus la table de la couronne, pourtant là, sur sa gauche. Le pupitre du juge, droit devant, se perd dans le brouillard, tout comme la table du procureur de la défense située à peine à cinq mètres sur sa droite. L'effet de vision en tunnel qu'il éprouve maintenant le garde entièrement concentré sur le box des accusés, et particulièrement sur une banale porte de bois vernis qui en est le principal accès. Il devine en effet que c'est la porte d'où émergeront les suspects d'une seconde à l'autre. Seul dans sa bulle, complètement indifférent à la foule massée en rangs d'oignon sur les chaises recouvertes de tissu rouge derrière lui, il évalue rapidement la situation. Une idée folle l'obsède...

Il n'y a que deux agents préposés à la sécurité dans la salle. En bondissant soudainement, il pourrait bénéficier suffisamment de l'effet de surprise pour atteindre au moins un des deux garçons. Avant que les gardiens ne puissent réagir et le maîtriser, il pourra sûrement défigurer l'adolescent ou, avec un peut de chance, le tuer. D'ailleurs, il estime pouvoir même donner du fil à retordre aux agents. Il en a battu des pas mal plus gros au hasard des batailles de bars auxquelles il a participé... Mais son frère Mario veille et se sent bientôt obligé d'intervenir.

— Voyons, Bobby, calme-toé, osti! Prends sur toé, là... Tu sais ben que tu peux pas faire ça, p'tit frère!

Les autres membres de la famille se rendent alors compte que l'agitation de Bobby lui vaudra sûrement d'être expulsé de la salle. Les gardiens, déjà assez nerveux à son égard, ne toléreront pas le moindre signe de débordement de l'un ou l'autre des frères Savoie. Pendant que Bobby tente de se ressaisir, ses frères se penchent de façon un peu malhabile dans diverses postures pour tenter de le cacher au regard de la cour.

La porte s'ouvre. Les deux ados font leur entrée sans un seul coup d'œil à la salle. Ils prennent place dans le box, l'air blasé et les yeux fixant tantôt droit devant, tantôt vers le sol. Bobby n'attend qu'un regard, un geste, la plus petite provocation pour leur sauter à la gorge. Les muscles tendus comme un lion guettant sa proie, il observe ces deux garçons qui le répugnent, deux ados qu'il désosserait sans peine. D'instinct, ceux-ci évitent habilement toute manifestation pouvant être interprétée par Bobby comme une occasion de se faire justice.

En fin de compte, le signal ne viendra jamais et la procédure se termine par un renvoi de la cause au mois de janvier 1996 pour la suite de l'enquête préliminaire. Bobby est resté sur sa faim. Ce sera pour une autre fois... À leur sortie de la salle d'audience, les Savoie font face à un véritable barrage de journalistes, avec qui ils échangent peu de commentaires.

*****

L'automne 1995 est gris et pluvieux, comme si même le ciel se refusait à sortir de son deuil. Pour les Savoie, le temps n'arrange pas les choses et chaque jour est une épreuve. Bobby ne trouve pas de réconfort dans son travail, qu'il reprend «pour faire honneur» à son père. Il a changé son point de cueillette de journaux pour éviter les Plaines Lebreton, où le sexagénaire a connu la mort. Seul dans son camion, il pleure et crie sa rage de toutes ses forces dans la nuit. Dans les dépanneurs et les restaurants encore ouverts aux petites heures du matin, il n'est de journée où on ne lui parle de son père : «J'ai ben connu ton père, c'était un maudit bon joueur de balle!», «Quand il venait, il avait toujours une *joke* à raconter!» ou «Ton père, il se faisait pas plus généreux que lui.» sont les commentaires qui épicent leurs conversations. Plusieurs s'indignent de la lenteur du procès, quelques-uns pleurent même plusieurs mois après le meurtre. Bobby réalise à quel point son père était connu et aimé de tous!

Un soir, une conversation le bouleverse : il apprend qu'à l'insu de tout le monde, et même de sa mère, son père avait pris sous son aile une personne handicapée, à qui il payait l'épicerie chaque semaine en plus de pourvoir à certaines autres dépenses! Pourtant, de ce geste altruiste, jamais

Robert Savoie n'avait soufflé mot à qui que ce soit.

Seigneur, si Tu pouvais m'aider à traverser cette épreuve-là... Pour Bobby commence un réveil spirituel. Pris dans une tourmente entre la haine et l'amour, il se surprend à demander de l'aide divine. Comme une majorité de Québécois, il a grandi sous le joug d'un enseignement religieux catholique sévère, mais il y a bien longtemps qu'il a pratiqué. Or, à l'intérieur, quelque chose lui fait sentir qu'il peut trouver un réconfort dans la prière. *Seigneur, met sur mon chemin quelqu'un qui pourra m'aider.* Ses prières sont sincères, naïves même, mais on dit que les voies du Seigneur sont parfois difficiles à comprendre...

Alors que le temps passe, c'est plutôt la rancœur et la vengeance qui emplissent son âme et l'imprègnent jusqu'aux os. Ses journées de travail commencent à vingt-deux heures quarante-cinq et se terminent le lendemain matin, vers trois heures trente ou quatre heures. Il va ensuite jaser avec les employés du quotidien *Le Droit* pour passer le temps, avant de revenir à la maison. Les journées de dix-huit ou vingt heures ne sont pas rares et il s'enfouit dans le travail pour fuir ses pensées. Il ferait n'importe quoi pour éviter l'heure du coucher. À ce moment, inévitablement, se joue dans sa tête la même dramatique insupportable : Bobby voit son père tomber sous les coups de poing et de pied de ses agresseurs, en criant sous son regard impuissant : «Lâchez-moé! Quessé je vous ai fait? LÂCHEZ-MOÉ!»

Lentement, ses souvenirs de jeunesse s'estompent pour ne faire place qu'à cette seule image insoutenable. Ses amis et les gens qu'il côtoie attisent sa vengeance. Le jeune homme ne dit rien et garde pour lui ses pensées les plus sombres. Dans sa tête prennent forme des idées de torture plus sordides les unes que les autres. Il sera sans pitié envers les meurtriers de son père; il veut leur arracher les yeux, découper leurs membres lentement, les faire souffrir une longue agonie avant de les laisser mourir au bout de leur sang. Il sait cependant que son geste vengeur ne restera pas impuni et c'est pourquoi il compte ensuite se donner lui-même la mort. Son suicide ne fera bien sûr qu'ajouter à la peine de sa famille, mais même cette considération n'a aucune importance à ses yeux en ce moment. Sa vie n'a maintenant qu'une seule motivation : la vengeance, celle dans laquelle il veut enfouir toute sa rage et sa peine. Il croit alors qu'une fois vidée de son but, son existence n'aura plus aucun intérêt.

Bobby ne souffle mot à personne de son plan démentiel. Il veut en faire une affaire personnelle et sait très bien qu'on tenterait de l'en empêcher. À sa douleur, il ajoute donc le poids de son projet fou dont il ne peut se soulager. Cette haine toxique transpire malgré lui sur ceux qu'il aime; sa conjointe se plaint à juste titre de sa constante absence, que ressent aussi Émilie, l'enfant que le couple a mis au monde cinq ans plus tôt. La fillette ne connaît à peu près rien de son père, qu'elle ne voie jamais.

*****

De son côté, la justice n'est pas particulièrement expéditive et «l'affaire Robert Savoie» ne diffère pas des autres causes qui s'étirent sur de longs mois. Sans le rapport sur les échantillons de sang, la preuve n'est pas complète. La couronne demande un report en février, puis un autre conduisant au mois de mars, avant de finalement fixer l'audition de l'enquête préliminaire au 8 avril. Ce jour-là, les journalistes l'ignorent, mais les dernières vingt-quatre heures ont donné lieu à un revirement important dans «l'affaire Savoie».

C'est le détective Pigeon qui initie une manœuvre quasi désespérée. La veille de l'audition, quand les résultats du labo entrent enfin, l'enquêteur n'y trouve rien d'emballant. Bien sûr, même si les empreintes digitales ne sont pas très claires, elles n'en permettent pas moins de placer l'un des trois suspects dans le véhicule la nuit du drame. Mais il lui en faudra bien plus pour convaincre un jury! À l'instar des autres qu'il a recueillies, cette preuve est circonstancielle. Elle indique tout au plus qu'à un moment ou l'autre, les suspects ont été en contact avec le véhicule et le sang de la victime. Mark Pigeon sait qu'elles sont insuffisantes pour porter une accusation de meurtre au premier degré. Pensif, il se confie à son collègue Dan Dorrance.

— Tu sais ce que ça veut dire : un avocat un tant soit peu habile pourra faire valoir au tribunal que Verner et Rolland ont peut-être été témoins du meurtre, mais qu'ils n'y ont pas nécessairement participé activement.

Dorrance mâchonne distraitement un crayon et crache la fibre de bois à côté de la poubelle bondée de détritus.

— *Shit*! Si on n'a pas un témoignage ou une preuve plus directe à se mettre sous la dent, il va falloir se rabattre sur les aveux de ce menteur pathologique de Mathieu David.

Pigeon jette un regard découragé à son collègue.

— C'est du suicide! Dès que la défense va se rendre compte que David ment, tout son témoignage tombe à l'eau!

— Tu penses que j'aime ça? Pas plus que toi! Tu sais bien que j'espérais quelque chose d'autre. Mais pour l'instant, c'est tout ce qu'on a!

— Peut-être pas...

Le ton grave, il passe un coup de fil à la procureure de la

Couronne.

— Écoutez... vous savez qu'on a les échantillons de sang qui placent Rolland et Verner sur les lieux du meurtre. On a des antécédents judiciaires qui démontrent clairement qu'ils ont le profil parfait pour ce genre de crime. Je veux dire... on SAIT que c'est eux. Mais il y a David. Toute la preuve repose sur son témoignage parce qu'il est le seul à placer nos deux suspects à l'endroit du meurtre au moment du meurtre. Mais David ment comme il respire. Si on va à procès avec ce qu'on a, peut-être qu'on va réussir à les envoyer en prison à vie et jeter la clé, mais on peut aussi perdre. Si la défense démolit David, Verner et Rolland sont remis en liberté et ils vont simplement aller tuer quelqu'un d'autre.

— Je sais, oui, dit l'avocate Sheila Eastbound. Mais on peut demander à la cour de s'en tenir à son premier témoignage, celui sur vidéo... On a le droit de... de demander ça.

Pigeon l'interrompt.

— On a peut-être le droit de demander ça, mais on n'a pas le droit de les remettre en liberté faute de preuves crédibles. Je ne ferai pas ça à Mariette [Savoie]. Voici ce qu'on doit faire...

Le lendemain matin, les journalistes attitrés à la couverture judiciaire font le pied de grue devant la salle d'audience numéro 4, comme à l'habitude. Pendant que deux d'entre eux discutent de l'actualité de la veille, un cameraman vérifie son équipement. Rien ne presse pour lui puisque les caméras et équipements audio ne sont pas permis dans la salle du tribunal. Mais il devra se tenir prêt à tourner des images dès la fin de l'audience. Plus loin, les portes d'un ascenseur s'ouvrent et un avocat en sort, revêtu de sa longue toge noire. Il marche d'un pas pressé quand un journaliste l'apostrophe de façon routinière.

— Salut! Pensez-vous conclure la preuve aujourd'hui, Maître?

D'ordinaire, quand ils ne sont pas en retard, les avocats prennent quelques instants pour jaser avec les journalistes. Non seulement cela permet de s'assurer que les procédures en cour sont rapportées en évitant les erreurs d'interprétation, mais il faut aussi reconnaître que certains avocats y voient une excellente occasion d'accroître leur notoriété. Pourtant, ce matin, le second avocat de la Couronne assigné au dossier, Dave Rowens, ralentit à peine le pas.

— Je ne peux rien dire pour l'instant. Je peux juste vous dire que vous ne vous êtes pas déplacés pour rien, aujourd'hui.

Voilà qui vient de piquer la curiosité des reporters, qui s'engouffrent prestement à sa suite dans la salle, où ils prennent place à pas feutrés. L'assistance se lève pour accueillir le juge avec le décorum de circonstance. Le magistrat prend place, salue ses collègues et se met à fouiller dans le dossier déposé sur son bureau par le greffier. La scène se répète chaque matin, comme si un coup de vent avait foutu le désordre dans ses précieux papiers. Faisant écho à la question posée quelques minutes plus tôt par un journaliste, le juge demande à la couronne si le dépôt de la preuve doit être complété aujourd'hui.

— Votre honneur, dit l'avocat, le Ministère public et la Défense aimeraient vous présenter une requête commune à cette étape-ci. Nous voulons que les accusations de meurtre sans préméditation soient retirées et remplacées par une accusation d'homicide involontaire.

Une clameur étouffée parcourt la salle. Homicide involontaire? Voilà qui équivaut à dire que le meurtre de Robert Savoie n'était qu'un bête accident, sans plus de gravité que si la victime s'était fait passer sur le corps par un camionneur négligent! Le juge demande, surpris :

— Pour lequel des accusés? Les deux?

Sheila Eastbound hoche la tête, murmurant un «oui» à peine audible. À une question du juge, l'avocat de la défense signifie aussi son accord à la demande, en appui à la Couronne.

— Monsieur le Juge, compte tenu de ces nouveaux éléments, mes clients veulent régler leur dossier avec la justice et demandent que soit enregistré un plaidoyer de culpabilité.

Le mot est lâché : coupables! Dans la salle, on entend quelques éclats de voix exprimant la surprise devant ce coup de théâtre. Les frères Savoie se regardent, médusés. Bien sûr, les assassins de leur père seront enfin punis, mais l'accusation à laquelle ils ont accepté de reconnaître leur culpabilité est dramatiquement réduite! Le juge acquiesce à la demande et la séance est levée. Les journalistes se précipitent dans le corridor; ils ont leur scoop. Mais il leur faut encore les commentaires des avocats ou mieux, de la famille.

C'est à un véritable barrage médiatique auquel les Savoie fait face à leur sortie de la salle d'audience. Au nom de sa famille, Bobby répond aux questions dont il est littéralement mitraillé.

— Écoutez, c'est certain que jamais rien va ramener mon

père à la vie, mais le fait que les deux meurtriers aient reconnu d'eux-mêmes leur culpabilité, c'est un soulagement pour ma famille. L'important, au fond, c'est que ce soit fini, leur dit-il avant de tourner le dos.

Plus tard, dans une entrevue au quotidien *Le Droit*, il avoue que la peine et la douleur sont toujours aussi présentes, malgré le nombre de mois écoulés depuis le meurtre de son père.

— Ma mère est encore ben affectée, dit-il avant de fondre en larmes.

Il ajoute qu'elle n'est pas la seule à avoir de la difficulté à vivre la mort du paternel :

— Ça fait deux ans et demi que je me couche la nuit en voyant mon père étendu par terre…

Puis, englouti par sa peine, Bobby met fin à la conversation.

Restés au Palais de justice, les procureurs de la Couronne Dave Rowens et Sheila Eastbound ne perdent pas de temps car ils doivent présenter au tribunal, trois jours plus tard, un rappel des faits entourant la mort de Robert Savoie, de façon à ce que le tribunal puisse délibérer sur la sentence qu'il devra rendre. Accusés de meurtre, Jimmy Rolland et Frank Verner faisaient face à la prison à perpétuité. Mais le fait de s'être reconnus coupables à une accusation réduite d'homicide involontaire commandera vraisemblablement une peine de dix ans ou moins de pénitencier. S'ils font preuve de bonne conduite, ils seront libres après avoir purgé le sixième de leur peine, de laquelle on doit déduire la période qu'ils ont passé en prison depuis leur arrestation. Cette détention dite «préventive» compte pour le double du nombre de jours effectués. Les deux années et demie passées depuis août 1995 équivalent donc à cinq années de prison, selon la justice qui estime que l'anxiété éprouvée par un détenu en attente d'un procès fait paraître le temps deux fois plus long.

À sa sortie de la salle d'audience, le coprocureur de la Couronne dans la cause, Dave Rowens, refuse toutefois d'élaborer sur la peine exacte qu'il entend demander au tribunal.

— ... mais c'est bien sûr qu'on va demander l'imposition d'une forte peine de prison pour les deux accusés, dit-il simplement.

Les fêtes de décembre 1997 sont bien tristes chez les Savoie. Le verdict de culpabilité n'apporte qu'un mince réconfort à la famille qui vit encore un deuil déchirant, ravivé par les procédures judiciaires. Une fête familiale est organisée, mais on sent que l'entrain est un peu faux. Heureusement, les petits-enfants sauvent l'atmosphère avec leur fraîcheur et leur spontanéité naïve.

L'année 1998, quant à elle, commence avec l'espoir de pouvoir enfin tourner la page sur le meurtre crapuleux du père de famille de 63 ans, trente mois plus tôt. En ce matin de janvier, un froid humide semble s'être installé dans les murs du Palais de justice d'Ottawa. De l'autre côté de la rivière des Outaouais, le bon peuple est loin de se préoccuper des procédures qui débutent dans la salle d'audience numéro 4. Comme c'est le cas ailleurs au Québec, les villes voisines de Gatineau et Hull sont plongées dans un chaos sans précédent en raison de la panne majeure d'électricité causée par le verglas qui s'est abattu sur elles. Comptant sur un réseau électrique indépendant de celui de la «Belle Province», Ottawa éprouve bien certaines difficultés en milieu rural, mais l'édifice de la rue Elgin, où doit se conclure le procès, est épargné.

Il n'y a pas foule ce matin-là, les badauds étant retenus à la maison par les conditions routières exécrables, tandis que les journalistes en ont déjà plein les bras avec les conséquences innombrables de la panne d'électricité. Ce n'est donc qu'en présence des familles concernées et de quelques rares observateurs que s'ouvre l'audience, alors que le greffier se lève pour annoncer l'arrivée du juge. Le banc des accusés est encore vide. Le tribunal doit d'abord s'assurer qu'il est en mesure de procéder à l'audition de la cause avant qu'on demande au gardien d'aller chercher les prévenus qui attendent dans le corridor. Les deux jeunes hommes font leur entrée. Mark Pigeon remarque qu'ils affichent le même air indifférent teinté de mépris qui les a caractérisés durant toute la durée des procédures contre eux. *Pourtant, je suis sûr qu'en dedans d'eux-mêmes, ils n'en mènent pas large*, se dit-il. *Est-ce qu'ils réalisent seulement quel âge ils auront quand ils vont revoir le soleil?*

Pigeon n'a pas le loisir d'être longtemps à ses réflexions. Les représentations sur sentence sont faites, chacune des parties ayant tenté de son mieux de convaincre la cour du bien-fondé de son point de vue respectif. Le juge commence donc par rappeler les principaux faits de la cause qu'il a entendue, s'étendant longuement sur le caractère complètement gratuit du meurtre et sur le dévouement de la victime.

— Voilà un homme qui, pour assurer sa subsistance personnelle et celle de ses enfants, se levait à l'heure où vous auriez déjà dû être couchés, puisqu'il a été établi que vous aviez coutume l'un et l'autre de fêter jusqu'aux petites heures du matin...

Sur ces mots, il jette un regard vers les accusés comme

pour chercher leur approbation. Mais Rolland semble ailleurs, tandis que Verner paraît s'ennuyer ferme, tel un écolier grondé par le directeur de son école. Pas très impressionné par la scène, le juge reprend néanmoins son monologue :

— Dans la déclaration d'impact, la famille de votre victime a parlé du grand vide laissé par la mort de... [hésitation] Robert Savoie. Les soupers de famille, son épouse qui, trente mois après les faits, continue – avec raison – d'être complètement désemparée, les enfants et les petits-enfants que vous avez injustement privés d'un père et d'un grand-père dans ce qui semble, en tout cas, être de l'indifférence totale de votre part.

Le détective Pigeon lit entre les lignes. Se penchant à l'oreille de Dan Dorrance, il chuchote :

— Ils vont y goûter!

Après de longues minutes, Pigeon sent que le juge s'apprête à livrer le coup final. Effectivement, le magistrat semble maintenant durcir le ton et reste davantage à son texte, comme s'il se concentrait sur le dernier droit de son élocution.

— J'ai examiné attentivement les propositions avancées devant cette cour par l'accusation et la défense. D'une part, on voudrait que je tienne compte de l'âge des accusés qui, s'ils avaient commis leur crime quelques mois plus tôt seulement, auraient encore été mineurs. Il est également vrai, je dois le reconnaître, que les prévenus ont connu dans leur courte existence plus d'épreuves que la plupart d'entre nous, souhaitons-le, n'en connaîtra jamais dans notre vie. Toutefois, on doit aussi tenir compte d'abord et surtout de l'intérêt du public. Y a-t-il risque de récidive? Messieurs

Rolland et Verner ont-ils démontré durant leur incarcération quelque remords, contrition, quelque intention que ce soit pour corriger la direction qu'ils ont prise sur la pente du crime? Rien dans les rapports présentenciels que j'ai ici devant moi ne me permet de le croire. Et comme toujours dans ce genre de crime grave, la perception de justice doit émaner de ce tribunal, c'est-à-dire à la fois le sentiment qu'aura la population qu'une justice a été rendue en conformité avec la gravité du crime commis, et à la fois le message envoyé aux éléments criminels qu'ils ne peuvent pas s'en tirer à bon compte lorsqu'ils choisissent de recourir à la violence.

«La justice n'est pas parfaite. Votre condamnation aujourd'hui ne ramènera pas Robert Savoie à sa famille. Elle n'effacera pas les deux dernières années et demie de souffrance que son épouse et ses proches ont éprouvée. Mais peut-être la sentence que le tribunal prononce aujourd'hui contre vous leur permettra-t-elle de tourner enfin la page sur ce crime crapuleux et de poursuivre enfin leur vie.»

Jimmy Rolland est visiblement tendu. Debout face au juge, il a peine à s'empêcher de bouger sur place tellement il est anxieux.

— Jimmy Rolland et Frank Verner, pour le meurtre de Robert Savoie le vingt-quatre août mille neuf cent quatre-vingt-quinze, je vous condamne à douze années de prison. Cependant, la période de détention préventive à laquelle vous êtes tous deux soumis depuis maintenant trente mois viendra diminuer de cinq ans votre emprisonnement, ce qui se traduira effectivement par une peine de sept années derrière les barreaux. La sentence est à être purgée immédiatement au pénitencier fédéral de Kingston.

Le bruit du marteau de bois qui scelle la sentence fait sursauter Jimmy Rolland, tandis que Verner jette un coup d'œil dans la salle et sourit à sa mère avant de disparaître dans les corridors du Palais de justice. Plus tard cette journée-là, un journaliste s'entretient avec Bobby.

— Monsieur Savoie, vous étiez à la sentence aujourd'hui. Une sentence de douze ans, ça n'aurait pas été si mal mais là, dans seulement sept ans ils vont être libres...

— Ben écoute, c'est sûr que nous autres, on aurait aimé une sentence plus longue mais sept ans, c'est quand même bien...

Bobby sourit. Au journaliste, il dit que la sentence aurait dû être plus longue mais au fond, il souhaite qu'elle soit la plus courte possible. *Libres dans trois ans? C'est bien. C'est même très bien,* pense-t-il. Mais il se garde bien d'en laisser paraître quoi que ce soit.

La foule se masse devant l'église Saint-Joseph de Hull.

Le cercueil est porté par les fils de Robert Savoie.

CHAPITRE 4

Gatineau, été 1975. Les classes sont finies et comme tous les enfants de huit ans, Bobby se lève un peu tard ce matin. La journée s'annonce ensoleillée, mais il règne une étrange agitation dans la maison pour une heure si matinale. Il descend quatre à quatre les marches du grand escalier qui mène à la salle à manger. Sa mère et deux de ses frères sont assis à la table, le visage inexpressif comme s'ils avaient vu un fantôme. Le regard de Bobby se tourne alors vers son père et ce qu'il voit lui fait un choc : Robert Savoie a le visage ensanglanté, l'œil tuméfié, ses vêtements sont couverts de sang et de ses pantalons souillés se dégage une forte odeur d'excréments!

— Quessé qu'il y a, papa? Quessé qui t'est arrivé?

— Les polices, Bobby. Les osties de polices! Ils se sont mis à trois sur moé pis ils m'en ont crissé une bonne!

— Hein? Mais pourquoi, papa? Pourquoi ils ont fait ça, les polices?

— Il y en a une qui était après moi pour me donner un *ticket*, mais il avait pas d'affaire. Ça a l'air qu'ils aiment pas ça qu'on leur dise qu'ils sont *wrong*.

La leçon est dure pour Bobby. À 8 ans, le garçon voit son père comme son héros. À l'école, on lui dit que les policiers sont là pour faire respecter l'ordre et la justice. Comment se peut-il alors que son papa chéri se soit fait tabasser aussi sauvagement par les policiers, qui sont pourtant supposés les protéger lui et sa famille?

À cette époque, Gatineau n'est guère plus qu'un gros village rapiécé à partir de petites municipalités environnantes. L'ordre qui y règne est assuré par des agents de la paix dont plusieurs ont été recrutés pour la taille de leurs biceps plutôt que celle de leur QI. Il est coutumier pour un agent d'intercepter un petit voleur et de lui donner «une bonne leçon», plutôt que de l'envoyer devant les tribunaux. À ce chapitre, certains policiers semblent être davantage des «bums avec un badge» que des agents de la paix…

Quand Robert Savoie Sr s'est fait arrêter ce jour-là pour une banale infraction au code de la route, il n'a pas hésité à contester sur-le-champ, probablement avec toute la délicatesse qu'on peut imaginer d'un homme de sa trempe. L'affaire s'est conclue par l'arrivée de renforts policiers et le passage à tabac du père de famille. Robert Savoie est battu avec un bottin téléphonique, de violents coups de pied au ventre lui vident l'estomac dans les pantalons et provoquent une hémorragie interne qui le laissera trois jours durant à l'hôpital. Malgré son état lamentable, on le force cette nuit-là à quitter le poste de la rue St-Antoine et à rentrer chez lui à pied! L'incident, qu'on qualifierait presque de fréquent à l'époque, laissera chez Bobby un profond dégoût pour les forces de l'ordre, sentiment qui le suivra jusqu'à la fin de la vingtaine.

Dernier d'une famille de cinq enfants, Bobby grandit avec une place à prendre. Il a quelques amis sincères, mais ne dispose pas d'un grand cercle de fréquentations. Il faut dire qu'en vieillissant, il prend le moule de ses frères pour qui un différend se règle à coups de poing. Eux-mêmes s'inspirent probablement de leur père, dont la correction prend facilement la forme d'une gifle ou de coups de *strap*. La famille acquiert rapidement une réputation de bagarreuse dans le voisinage. Très tôt, Savoie enseigne à ses enfants des principes de vie qui illustreront bien ce comportement :

— Les gars, quand ça commence à brasser, attendez pas, frappez les premiers!

Leur mère a fort à faire pour voir à la maisonnée. Aussi délègue-t-elle à Pierre la tâche de veiller sur Bobby, tandis que Raymond s'occupera de Daniel. La fratrie est très portée sur les sports : gymnastique, base-ball, hockey, quilles, tout ce qui est physique exerce sur eux la fascination d'une ampoule pour un papillon de nuit. Gâtés par leur père, ils suscitent la convoitise chez leurs voisins. À 16 ans, Pierre a sa propre voiture, un privilège rare à l'époque!

Un autre des frères se distingue, Daniel, qui est rapidement identifié comme une étoile montante au hockey junior et qui devient presque un habitué des colonnes sportives du *Journal de Montréal*. Son talent indéniable l'envoie prendre du galon auprès de l'ex-joueur du Canadien de Montréal, Jacques Lemaire. Ce dernier le fait patiner aux côtés d'autres jeunes premiers du club d'expansion des Chevaliers de Longueuil, parmi lesquels on compte Stéphane Richer et un certain Mario Lemieux. Au faîte de sa gloire, on dit que les Blues de St-Louis lui préparent une place dans leurs rangs! Son jeune frère Bobby voit en lui une idole et se prive même de s'inscrire à certaines activités sportives afin que Dan ne manque de rien. À l'âge d'à peine 20 ans, le jeune hockeyeur a le monde à ses pieds, à l'exception peut-être d'une seule personne…

— Non! Non, non, non, non et non! Il n'en est pas question, mon gars. T'es trop jeune! Môman te laissera pas partir tout seul de même, voyons donc!

Le refus maternel de laisser Daniel se prêter aux étapes devant le conduire en droite ligne à la Ligue nationale de hockey met prématurément un terme aux rêves du jeune Savoie. Mais à 23 ans, un autre événement aura un impact direct et beaucoup plus grand sur lui : une peine d'amour.

Sans doute habitué à voir ses moindres désirs se réaliser, Daniel se rend vite compte qu'il est incapable de composer avec la rupture que lui impose sa petite amie de l'époque, et surtout avec le fait qu'il a beau demander, exiger, crier ou pleurer, rien n'y fait. Alors débute pour lui une longue descente aux enfers. Le jeune homme expérimente la drogue et l'alcool. Bientôt, ces deux béquilles semblent devenir le point focal de son existence, qui prend les allures d'une perpétuelle fête. Ses nuits trop longues se transforment en journées de coma éthylique et son entrain du soir fait place à d'incroyables gueules de bois le jour. Dès son réveil, il se remet rapidement à boire et à consommer diverses drogues pour endormir son mal de tête et oublier… oublier sa carrière interrompue, son amour interrompu, sa jeunesse interrompue.

La confiance en son prochain aussi est touchée. Alors qu'il avait à peine 10 ans, le jeune garçon plein de vie prenait parfois le train seul pour participer à des tournois de hockey partout au Québec. Il était alors encadré par des familles participant à un programme d'échange, ce qui permettait aux enfants de jouer au hockey sans avoir à acquitter d'onéreuses factures d'hôtel. Les parents des joueurs, quant à eux, pouvaient compter sur un encadrement des jeunes au sein des familles d'accueil. Mais la mère de Daniel ignore que le prix que paie ce dernier est beaucoup plus grand; en plusieurs endroits, des adultes malveillants abusent sexuellement de lui et le font taire sous la menace. Ces agressions demeurent en lui comme une bombe à retardement, qui n'attend que son heure pour le détruire.

Alors qu'il a 23 ans, le compte à rebours atteint zéro.

Ceux qui se tiennent avec lui à l'époque savent où le trouver. Il fait le circuit des bars, se bat, change de place, va s'approvisionner en cannabis ou en cocaïne et finit de cuver ses excès là où le hasard le mène : dans sa voiture, son lit ou chez un ami. Ses frères sont aussi des fêtards – quoique à un degré moindre – et tardent à constater à quel point sa déchéance est grande. Pour Bobby, Daniel «a du fun» et trace la voie à suivre. Il ignore tout du drame que vit Daniel intérieurement. Devenu adolescent, il retient de son grand frère qu'il faut foncer dans la vie pour avoir ce qu'on veut. À 15 ans, alors que ses parents le laissent à la maison pour suivre Daniel qui joue à Longueuil, Bobby sent subitement le besoin de retrouver son frère et sa famille. Il fait ni un ni deux et se rend «sur le pouce» jusqu'à l'aréna où joue Daniel. Lorsque sa mère le voit s'avancer vers elle dans les gradins, elle l'interpelle vivement :

— Bobby? Pas possible! Comment ça se fait que t'es icitte?

— Allô, Ma-mère! Es-tu contente de me voir? Je suis venu voir mon frère!

— Es-tu fou? T'aurais pu tomber sur un maniaque! Refais plus jamais ça! En tout cas, tu reviens *back* avec nous autres.

Quand Daniel atteint la vingtaine, Bobby, lui, veut commencer à travailler. À 16 ans, il a sa première moto. De nature cow-boy, il lui arrive souvent de conduire en fou. À 17 ans, il s'en offre déjà une autre sur laquelle il continue ses acrobaties. Un jour, il invite un ami à monter derrière lui pour aller faire un tour. La moto part en trombe sur une seule roue. Déséquilibré, l'ami tombe au sol et Bobby continue son chemin, sans même s'en apercevoir! Un autre jour, toutefois, il passe près de la mort : en traversant une intersection, un soir, il se fait éperonner par une voiture venant en sens inverse. Frustré, l'automobiliste dit à Bobby que c'est bien fait pour lui. Cet homme ne saura sans doute jamais à quel point il est passé près de se faire tuer! Cinq jours plus tard, Bobby célèbre son anniversaire à l'hôpital, entouré de sa famille. Une greffe de peau lui laissera de profondes cicatrices recouvrant la plaque de métal et les huit vis fixées à l'os pour reconstruire sa jambe droite qu'il a failli perdre.

Dès qu'il apprend à conduire et obtient un salaire, son père lui fait cadeau d'une mise de fond de quatre mille dollars pour l'achat d'une Pontiac Fiero neuve. Le cadeau est princier, mais Bobby a des idées de grandeur. Après plusieurs mois, il délaisse la Fiero et essaie de convaincre son père de lui acheter une Firebird Trans-Am. On le devine, celui-ci ne partage pas son enthousiasme.

— Voyons, Bobby! T'as une Fiero neuve! T'as même pas fini de la payer, on n'est pas pour en acheter une autre, ciboire! C'est des folies, ça!

Mais l'idée de Bobby est faite : il VEUT une Trans-Am et il AURA sa Trans-Am. La pauvre Fiero est curieusement victime de vol et de vandalisme peu de temps après cette conversation et le jeune homme obtient finalement ce qu'il veut. Le passage d'un petit quatre cylindres au V-8 musclé de sa nouvelle voiture de sport ne manque pas d'attirer l'attention des policiers. Il aime faire crisser les pneus à la moindre occasion, ce qui lui vaut quelques billets d'infraction après qu'il ait épuisé la patience des patrouilleurs du secteur.

— Bob, pourquoi tu fais ça? T'as une belle auto neuve!

Bobby n'a que faire des beaux conseils, surtout que son père, lui, rit volontiers de ses mésaventures. Bien sûr, en bon père de famille, il a toujours la consigne de prudence à prodiguer à ses rejetons. Sauf que, comme on le dit alors : «boys will be boys»...

Initié au cannabis à 13 ans par un ami, Bobby a le goût du luxe et la toxicomanie coûteuse. À 17 ans, il fait une première tentative de suicide. Enfermé dans sa chambre, il ingurgite un cocktail d'antidépresseurs, de sirop à la codéine et de vodka. Sa mère le découvrira dans un coma éthylique en passant l'aspirateur le matin. À l'hôpital, les médecins affirment que deux heures de plus et il y restait. Robert Savoie veut aller au fond des choses et il demande à Bobby pourquoi il a voulu s'enlever la vie.

— Bobby! Je peux pas croire! Quessé qui t'arrive?

— Tu peux pas comprendre, papa. Ma coke me coûte tellement cher que j'ai plus d'argent pour faire mon paiement d'auto!

— Combien tu dois?

— Une couple de cent…

— Tu veux te suicider pour une couple de cent piastres?

— Ben… peut-être plus une couple de mille, finalement.

— Dois-tu une couple de cent ou une couple de mille?

— Euh… à peu près six mille…

— SIX MILLE PIASTRES??

— … plus ou moins, là…

— Tu dois SIX MILLE PIASTRES de drogue? Mais tu vas te faire tuer!

— Je le sais ben, mais je voulais pas t'achaler avec ça.

Robert Savoie fait immédiatement un chèque au montant des six mille dollars nécessaires pour effacer la dette de drogue de son fils. Ce faisant, il sauve à coup sûr la vie de Bobby à court terme, mais les difficultés de ce dernier ne sont pas réglées pour autant. Toujours aux prises avec ses problèmes de drogue et d'alcool, incapable de se trouver une raison valable de vivre, il fait sa seconde tentative de suicide vers l'âge de 23 ans. Son cocktail de pilules, il le fait en puisant directement dans les médicaments vendus à l'épicerie de son frère Pierre pour qui il travaille. Encore une fois, sa tentative échoue…

Peiné d'avoir volé son propre frère, il veut trouver l'argent pour le rembourser. C'est ainsi qu'il demande et obtient le contrat de distribution de journaux dans plusieurs commerces d'Ottawa. Il lui arrive de faire sa route complètement saoul ou sous l'influence de la drogue. Son permis de conduire est d'ailleurs suspendu, ce qui ne l'empêche pas de faire son travail, avec la complicité d'un ami...

— Daniel? C'est Bobby! J'ai besoin d'un service, mon homme.

— Quessé qu'il y a?

— J'ai perdu mon permis de conduire. Ils m'ont arrêté ben chaud hier soir. Mais moé, je peux pas lâcher ma job, tu comprends...

— Ouin... mais je peux quand même pas me lever la nuit à ta place!

— Ben non, c'est pas ça que je te demande... J'avais pensé que tu pourrais me laisser ton permis. T'as rien qu'à demander un double pis tu dis que t'as perdu le tien...

Ainsi, pendant les deux années suivantes, Bobby conduira non seulement sans permis valide, mais avec un faux document, et ce, sous le nez des patrouilleurs! Il faut dire qu'à l'époque, le gouvernement du Québec n'avait pas encore implanté sa mesure qui prévoit l'ajout de la photo du détenteur sur le permis de conduire...

Quand il a trop consommé, Bobby n'entre carrément pas au boulot, forçant ainsi son patron à faire son travail à sa place! Étrangement, le *boss* ne dit rien...

Mariette Savoie voit ses enfants grandir et prendre toutes sortes de directions. Elle n'est pas dupe et se rend bien compte que Daniel et Bobby ont tous deux commencé à fumer du pot avant d'avoir 15 ans. Au fond d'elle-même, une petite voix lui dit cependant de fermer les yeux, qu'il ne s'agit que d'une expérience d'adolescents. Une expérience qu'elle va un jour regretter amèrement d'avoir tolérée. De son côté, Robert Sr aussi est inquiet, mais il n'ose trop le démontrer. Le couple aborde d'ailleurs la question un soir.

— Robert, écoute, je SAIS que Bobby prend de la drogue. Ça paraît dans ses yeux, ça se sent dans ses vêtements. J'aimerais ça qu'avant de partir, la nuit, tu ailles faire un tour dans sa chambre pour voir si tu trouverais pas quelque chose.

— Ben là... je peux ben. Mais si tu te doutes de quelque chose, pourquoi t'es pas allée voir toé-même?

— J'y suis allée, Bull, mais j'arrive jamais à les attraper, lui pis son chum! T'aurais dû me voir à soir! Je marchais à quatre pattes pour essayer de voir par en dessous de la porte de sa chambre... Mais je vois jamais rien!

Au cours des jours suivants, Robert «Bull» Savoie fait donc religieusement son escale nocturne dans la chambre de son fils quand celui-ci dort. Un soir, son pied heurte un objet. Par la lumière qui vient du corridor, Robert distingue une bouteille d'alcool appuyée contre le lit de son fils. Bobby fume peut-être mais chose certaine, il boit! En y regardant bien, le père de famille reconnaît le flacon : c'est l'une des quelques cent bouteilles d'alcool qui ornent son bar au sous-sol et dont il fait la collection.

Peu de temps auparavant, Bobby a fait la connaissance d'un jeune homme de son âge, Daniel Boulanger, qui devient rapidement un très grand ami. Mais curieusement, c'est aussi avec Maurice et Rachel, les parents de cet ami, que

Bobby se lie d'amitié. Ceux-ci sont toujours de bon conseil et malgré le côté rebelle de Bobby, il n'est pas rare de voir Rachel Boulanger en grande conversation avec le jeune Savoie sur des sujets qui sont souvent d'ordre moral ou religieux. Bobby est fasciné. Il puise dans ces conversations des pistes de réflexion qui nourrissent son jeune esprit tourmenté.

— Rachel, si Dieu nous aime, pourquoi Il nous fait souffrir?

— Dieu met des épreuves sur notre chemin, Bobby. Il les met pour nous faire grandir, pour qu'on apprenne des leçons de la vie.

Si c'est le cas, la famille Savoie n'a pas fini d'apprendre ses leçons. N'a-t-elle pas déjà eu son lot d'épreuves et de souffrance au moment où le jeune Bobby pose la question? Son frère Pierre a frôlé la mort à l'âge de 9 ans après avoir été heurté par une voiture sous les yeux de son père et de ses frères alors qu'il traversait la rue. Cette nuit-là, les derniers sacrements lui seront administrés trois fois à l'hôpital. Un autre de ses frères, Mario, n'est guère plus chanceux : tout jeune, alors qu'il est traité à l'hôpital pour une gastro-entérite, il contracte une broncho-pneumonie et passe près d'y laisser la vie!

Chaque événement est un dur coup pour cette famille aux liens tissés serrés. Leur guérison, ils la doivent à leur condition physique exceptionnelle et à une grande volonté de vivre qui sera souvent soulignée par les médecins. La famille est à ce point connue localement que l'un ou l'autre des parents est presque instantanément prévenu par un bon samaritain dès qu'un drame survient. Et comme les frères Savoie sont plutôt turbulents, le téléphone familial sonne souvent…

L'un de ceux qui causent le plus d'inquiétudes est Bobby. Le jour où il atteint ses 18 ans, il est déjà sur la liste des clients indésirables de tous les bars en Outaouais, dont il s'est fait expulser à un moment ou l'autre. «Moé, quand je cale quatre ou cinq bières, je deviens agressif», dit-il un jour à l'un de ses frères. Et ce ne sont pas des paroles en l'air; devenu violent en état d'ébriété, le moindre prétexte est bon pour déclencher une bagarre. Ses fréquentations du moment ne l'aident en rien, lui qui se tient avec certains des gangs les plus dangereux de la ville. Ni rien, ni personne ne lui fait peur, comme le constate un de ses amis venu le trouver à la table d'un bar après une autre escarmouche.

— Bobby, t'es dans la m....!

— Moé, ça? Pourquoi?

— Le gars qui collecte l'argent pour (...)[3], le *pusher* de la place, te cherche!

— Ouin... pis?

— Ben... il est au deuxième étage avec ses chums pis il a un couteau; il dit qu'il va te tuer!

— Qu'il vienne, osti! J'ai pas peur de lui!

— Quessé t'as fait? Tu lui dois de l'argent?

— Ben non! C'est parce qu'il a crissé une volée à mon chum. Ça fait que moé, je suis rentré à l'hôtel pis j'ai cassé la gueule à tous ceux que j'ai vus là! Toute l'osti de gang!

— Voyons, Bobby... Sors donc pendant que c'est le

---

[3] Espace volontairement laissé en blanc par l'auteur (NDLE)

temps!

— Laisse-le venir, je vais l'attendre. Tu vas voir qu'il tuera pas personne icitte!

Et tel qu'il l'avait prédit, Bobby ne s'est pas fait tuer ce soir-là...

La clientèle des bars n'est pas la seule à craindre Bobby lorsque le jeune homme atteint l'âge de la majorité. Les policiers aussi apprennent vite à le connaître. Dès l'âge de 17 ans et jusqu'à ce qu'il en atteigne 23, rares sont ses infractions au code de la route qui ne se terminent pas par une visite au poste. Lui qui ne porte déjà pas les policiers dans son cœur après ce qu'ils ont fait vivre à son père, Bobby devient carrément une menace pour les patrouilleurs quand ceux-ci l'interceptent au volant. L'agent n'a pas mis le pied en dehors de sa voiture que Bobby joue déjà du poing, tant et si bien qu'il faut invariablement appeler le renfort d'une, deux et parfois même jusqu'à cinq voitures de police pour tenter de contenir le jeune homme déchaîné.

Un certain soir d'Halloween, toutefois, le policier gatinois Serge Surprenant, qui en a vu d'autres, décide de changer de tactique. Ce soir-là, la Ford Crown Victoria banalisée se fond, tous feux éteints, dans l'obscurité de la nuit. L'agent tient sous surveillance radar une portion de la rue Main, artère qui sépare deux quartiers résidentiels de Gatineau bondés d'enfants déguisés. Une fourgonnette blanche attire son attention parce qu'elle excède la vitesse limite. Il la prend en chasse mais loin de s'arrêter, son conducteur accélère. Le policier signale au central qu'il poursuit un véhicule et quelques voitures de patrouille se trouvant dans le secteur réussissent à intercepter le fugitif. Lorsque Surprenant arrive à son tour, trois ou quatre policiers s'acharnent sur la porte du véhicule pour en faire sortir le forcené. Le colosse à l'intérieur leur donne du fil à retordre et les efforts des policiers semblent vains. L'agent Surprenant, resté en retrait, décide d'intervenir.

— C'est correct les gars, je vais m'en occuper.

— C'est le fou à Savoie! T'en viendras pas à bout!

— C'est correct, c'est correct, laissez-le là, je vais m'arranger avec lui!

À ce moment précis, Bobby se cramponne de toutes ses forces après le volant de sa fourgonnette. Visiblement, il cherche l'affrontement et il se demande bien ce que cet énergumène en uniforme pense faire pour l'extirper de là. Mais l'usage de la force n'est pas l'avenue du policier Surprenant, qui préfère jouer un petit jeu de psychologie avec le forcené.

— Vous savez comment il s'appelle, les gars? Parfait! Je vais lui faire ses *tickets*. S'il ne veut pas sortir de là, il va s'en aller avec le *towing*, tab…!

Bobby le regarde, incrédule. Les policiers ont regagné leur voiture et l'agent retourne rédiger ses contraventions à bord de la sienne. Peu après, la remorqueuse demandée arrive. Bobby abreuve le policier d'insultes, mais l'agent ne l'entend même pas. L'agent Surprenant sent que le jeune homme est déçu de n'avoir pu se battre et il montre des signes évidents de frustration en ce sens. La camionnette est rapidement accrochée à la remorqueuse et, dépité, Bobby en sort finalement. Tous les policiers, sauf un, sont partis. Il n'y aura donc pas de bataille ce soir. Après avoir longuement regardé la scène avec dégoût, Bobby hausse les épaules et rentre chez lui à pied. Serge Surprenant sourit; la seule blessure subie par le jeune homme ce soir est celle infligée à son amour-propre.

Alors qu'il va sur son chemin, Bobby sent la haine qu'il éprouve pour les policiers se tourner maintenant contre lui. En son for intérieur, il sait qu'il s'en veut d'avoir encore cherché la bagarre. *Pourquoi je suis comme ça? Pourquoi il faut toujours que ça finisse de même? On dirait que je suis pas ben tant que j'ai pas frappé sur quelqu'un... Pis après, je m'en veux de lui avoir fait mal! Mais malgré ça, je recommence tout le temps! Comment ça se fait?*

Maintenant dans la jeune vingtaine, Bobby a peu d'amis et encore moins de succès avec les filles. Il a bien une copine, mais le couple se querelle régulièrement à cause de ses abus. En fait, la seule chose qu'il a à son actif est sa mauvaise réputation de bagarreur. Comme son père, il aime mal; après avoir tabassé le premier venu, il est pris de remords et insiste pour lui payer à boire. À l'un d'eux, il confie un soir un secret qui le ronge de plus en plus.

— Écoute, je m'excuse pour tantôt. Je sais pas ce qui m'a pris... Euh, tu sais, je suis pas un mauvais gars, au fond.

— Ouin, mais tout le monde dit que t'aimes ça te battre...

— C'est pas vrai, ça!

Il se tait un instant et reprend :

— Ben... c'est vrai mais en même temps, j'haïs ça, tu peux pas savoir. Je m'aime pas quand je suis comme ça. On dirait qu'après quatre ou cinq bières, je deviens quelqu'un d'autre.

— Arrête de boire!

Le conseil saute trop aux yeux pour être pris au sérieux. Bobby est jeune, tout le monde boit et s'amuse autour de lui : ses frères, les rares amis qui vont et viennent dans sa vie sans jamais rester longtemps... Bobby essaie d'être comme eux mais plus il essaie, plus il éloigne ceux dont il veut se rapprocher. Arrêter de boire signifie quitter les bars et quitter les bars veut dire pour lui se résigner à être seul. Or, plus encore que sa haine envers lui-même, sa solitude le répugne et lui fait peur. Bobby se sent coincé.

À cette époque, le grand frère de Bobby, Pierre, travaille toujours avec acharnement au dépanneur qu'il opère à Gatineau dans un vieil édifice vétuste. Comble de malchance, un incendie causé par un réfrigérateur défectueux rase complètement l'établissement. Pierre Savoie n'est cependant pas homme à baisser les bras et il entreprend de reconstruire sa petite entreprise. Ce faisant, une rare opportunité d'affaire se présente pour Bobby lorsque Pierre lui propose d'opérer un bar laitier qui sera jumelé à l'établissement. Le cadet de la famille Savoie sent monter en lui des sentiments jusque-là étrangers : il se sent apprécié et fier! Bientôt, il ouvre les portes de son petit commerce et fait de bonnes affaires. L'automne venu, il ferme pour la saison hivernale. L'expérience a été enrichissante à tous les points de vues, mais on dit que les mains oisives sont au service du diable et Bobby reprend vite ses vieilles habitudes de consommation.

Une des seules personnes qui accompagne le jeune Savoie durant cette période difficile de sa vie est Sylvain Parent, un Gatinois qui s'occupe d'une ligue de hockey amateur à laquelle Bobby participe. D'une dizaine d'années son aîné, Parent remarque rapidement le talent de sa jeune recrue, qui semble partager le don de son frère Daniel sur la glace, devant le filet. De plus, Bobby est déjà costaud, ce qui en fait un joueur redoutable pour l'adversaire. Par contre, le talent du jeune hockeyeur n'est pas la seule chose que Sylvain remarque : l'œil vitreux, l'allure relâchée et le comportement de Bobby lui confirment vite que le petit dernier de la famille Savoie est un alcoolique doublé d'un toxicomane, et ce, malgré son jeune âge. Cependant, Bobby se présente en général sobre aux pratiques et aux parties.

Sylvain découvre petit à petit un jeune homme qui peut être charmant, serviable et qui ferait n'importe quoi pour plaire. Le contraste entre ses deux personnalités lui donne des airs de Dr Jeckyll et Mr Hyde. Bientôt, Parent fait le pari de prendre Bobby littéralement sous son aile et d'en faire quelqu'un de bien. L'entraîneur possède un commerce et fait miroiter à Bobby la possibilité d'y travailler.

— Bobby, je sais que t'as besoin d'argent. Je sais aussi que t'es un gars qui travaille fort. Si t'es intéressé, j'ai peut-être une offre à te faire.

— Une offre? Pour moé?

— Oui. J'aimerais que tu travailles à mon magasin. Il me semble qu'on aurait du fun ensemble, Bobby.

— Osti, oui! Ça serait super! Eille, merci!

— Mais écoute-moi bien… il y a une corde attachée après mon offre.

— Quessé tu veux dire, «une corde»?

— Moi, Bobby, je suis ben prêt à te donner une job mais toi, il va falloir que t'arrêtes de boire.

— …

— Tu comprends, j'ai un commerce et c'est sérieux, un commerce. Tu peux pas commencer à arriver saoul ou gelé pis te battre avec les clients!

— Ben non, quand même, je suis pas tata, osti! Je boirai pas quand je vais travailler pour toé, c'est sûr!

— Non, Bobby... ni quand tu travailles pour moi, ni quand t'es chez toi. Pour avoir la job, il faut que t'arrêtes de boire.

— Ben là, Sylvain... t'es pas correct! Ce que je fais chez nous, c'est mes affaires!

— Non, Bob, à partir de maintenant, c'est MES affaires. Tu veux jouer dans ma ligue? Tu veux travailler pis avoir une paye? T'arrêtes de boire, aussi simple que ça. De toute façon, c'est toi-même qui m'as dit que tu voulais arrêter.

Bobby réfléchit. Il ne veut pas décevoir son ami mais, d'un autre côté, cesser de boire demandera une volonté de fer. Il ne lui faut cependant que quelques minutes pour prendre sa décision. Il veut abandonner l'alcool et a enfin la chance d'y arriver. Sylvain Parent sait que son protégé est arrivé à un point tournant de sa vie. Il y a du changement dans l'air... Il faut dire que quelques jours plus tôt, Bobby a été impliqué dans un autre accident alors qu'il conduisait en état d'ébriété. Comme ils en ont maintenant l'habitude, les policiers l'ont conduit au poste où des accusations ont été déposées contre lui. Sauf que pour une fois, le jeune homme réalise qu'il aurait pu perdre la vie ou tuer quelqu'un. Cette révélation est un choc et, par la suite, il n'éprouve plus aucun plaisir à boire. Quand il s'en confie à son entraîneur, Parent sait qu'il est temps pour lui d'agir. Sylvain a la nette impression que contrairement à Daniel Savoie, Bobby n'a jamais eu la partie facile et doit se battre pour arriver à ses fins; il est un bon gardien de but *mais* doit travailler plus fort que son frère, il veut un emploi *mais* doit surmonter son manque de confiance en lui et sa mauvaise réputation pour y arriver.

C'est sur cette habileté à travailler dur que Parent mise pour arriver à sortir Bobby du marasme dans lequel il patauge depuis l'adolescence. Quelques jours après leur conversation, Bobby confirme à son ami Sylvain qu'il n'a pas touché à une seule goutte d'alcool depuis leur rencontre. L'affaire est conclue; il fait maintenant partie de l'équipe du petit commerce de trophées que possède Sylvain. Le soir même, il fait son entrée chez les Alcooliques Anonymes. Sylvain l'accompagne et lui fait un clin d'œil d'encouragement lorsqu'il se présente devant l'assemblée. *Ça y est, la glace est brisée,* se dit-il.

Bobby travaille pendant environ six mois à la boutique de Sylvain. Une merveilleuse complicité s'établit entre le propriétaire et son jeune poulain. Avec son sens de l'humour, Bobby passe pour le rayon de soleil de l'entreprise. Comme l'avait prédit Sylvain, il est un travailleur infatigable et l'homme d'affaires lui montre les rudiments du métier d'entrepreneur.

Après six mois d'abstinence, Bobby croit qu'il a maintenant repris le contrôle de sa vie. Il en aura pleinement conscience lorsqu'on lui remettra chez les AA le jeton honorifique soulignant ses efforts. Ce soir-là, lorsqu'il prend la parole devant l'assemblée, il constate à quel point sa vie a changé en confessant publiquement les abus auxquels il se livrait à peine un an auparavant, alors qu'il se trouvait au plus creux de sa polytoxicomanie.

— Bobby, explique-nous comment était ta vie à cette époque.

— (esquissant un sourire moqueur) J'étais pas reposant!

Quelques rires se font entendre.

— Par exemple, je me rappelle un soir… je rentre à mon appartement ben saoul, comme d'habitude… Ma blonde est en maudit contre moé, pis moé la boisson me rend agressif… Ça fait qu'on s'engueule, comprends-tu, pis tout le monde dans le bloc a dû nous entendre… À un moment donné, je sais pas trop quessé qu'elle m'a dit, mais ça m'a tellement mis en osti que j'ai attrapé le climatiseur dans le salon pis je l'ai lancé à travers la vitre! Moé, j'étais habitué à ce que le salon de mon logement donne sur la rue. Mais on avait déménagé pis je me rappelais pas, moé, que le salon donnait sur le stationnement, asteure… Là, j'entends une alarme. Je vais voir par la fenêtre cassée… Eille, le climatiseur était tombé sur une auto, en bas! Le pauvre gars, il voulait l'air climatisé dans son char, mais il a jamais pensé qu'il l'aurait de cette façon-là!

L'assemblée éclate de rire! Encouragé, Bobby se met à défiler une série d'anecdotes plus cocasses les unes que les autres, riant de bon cœur de ses travers.

— Une autre fois, j'étais encore ben saoul dans un bar… comme toujours, je cherchais le trouble. Là, ça commence à se battre. Moé, je voulais faire comme dans les films, tu sais : prendre un gars par le cou dans chaque main pis leur cogner la tête ensemble… Mais ça a pas marché pis je me suis déchiré l'épaule. J'ai gardé cette blessure-là pendant huit ans! À chaque fois que je travaillais, je me déboîtais l'épaule pis il fallait que je me la remboîte moé-même… Un jour, un médecin m'a opéré. Le lendemain, il m'a dit qu'il avait été obligé de me casser l'épaule pour me soigner! Il m'a mis deux vis. Il a dit que j'étais un malade, un irresponsable pis que je devrais faire quelque chose de ma vie. Je te dis qu'il m'a donné ça pas rien qu'un peu. Veut ou veut pas, ça fait réfléchir, tsé...

Lorsqu'il rentre chez lui ce soir-là, il sait que les choses ne seront plus jamais comme avant. Il veut, il DOIT conserver son courage et sa détermination à vaincre sa dépendance à la drogue et l'alcool. Ce qu'il vit depuis les six derniers mois sous l'aile protectrice de son ami Sylvain lui donne un nouveau souffle, une raison de continuer. Et l'aventure dans laquelle il s'apprête à embarquer comme propriétaire d'une petite entreprise se présente sous un jour très favorable. Ironie du sort qui illustre bien les changements qui s'opèrent dans sa vie, voilà que celui qui était encore récemment un habitué des bars est maintenant propriétaire d'un bar... laitier! Décidément, la vie lui sourit.

Le jour arrive enfin où Bobby ouvre à nouveau les portes de son petit commerce pour la saison estivale. Habitué à chanter au travail sous l'égide de Sylvain, il conserve cette bonhomie qui lui va bien. Lui qui a passé la majeure partie de sa vie à se faire craindre, il doit maintenant se faire aimer. Fort du positivisme auquel il a été exposé avec son patron et ex-entraîneur, et aidé par un naturel blagueur quand il est sobre, Bobby prend sa clientèle par surprise en affichant une inébranlable bonne humeur.

— Un cornet à deux boules saucé dans le chocolat avec des noix... deux et soixante, madame... trois piastres juste avec le pourboire!

Son petit manège est peut-être naïf, mais il ne lui vaut pas moins d'importants pourboires. De plus, sa clientèle est sans cesse croissante, ce qui confère à Bobby un revenu assez confortable en peu de temps. Mais il en est tout autrement pour l'épicerie de Pierre qui est acculée à la faillite. Les deux frères rencontrent alors un homme d'affaires et lui font une offre. Une entente est bientôt conclue entre l'homme d'affaires et Bobby. Par ce contrat, l'investisseur devient propriétaire de l'immeuble et du bar laitier. En plus du prix d'achat du commerce de Bobby, il s'engage à accorder un loyer avantageux pour le dépanneur. Bobby peut donc rembourser la dette de son frère et conserver le fond de commerce.

Le petit frère a démontré qu'il est un travailleur acharné et malgré son jeune âge, il semble déjà avoir un très bon sens des affaires. De fait, après six mois d'opération, il s'adjoint l'aide d'un partenaire et ami, Raymond Giroux; les deux forment une bonne équipe et, pour un temps, les affaires vont bon train. Bobby réalise cependant qu'il n'a pas tenu compte de certains frais d'opération, qui viennent gruger le moindre profit. De plus, les marchés d'alimentation ouvrent maintenant jusqu'à vingt et une heures, rendant ainsi moins indispensables les services de son dépanneur qui s'est entre-temps enrichi d'une boucherie et d'une pâtisserie. Les semaines et les mois passent sans que le duo ne fasse ses frais; le dépanneur est en péril. Mais ils ont tous deux mis trop d'argent et d'efforts pour tout perdre.

Bobby est bien sûr déçu. Les derniers mois ont été éprouvants et l'échec pourrait bien ébranler sa confiance en lui, encore toute récente. En outre, depuis qu'il a repris sa vie en main, il a fait la connaissance d'une jeune femme avec qui il partage sa vie. Déjà peu présent à la maison lorsqu'il travaillait au dépanneur, il doit maintenant se trouver un autre emploi, préférablement moins accaparant. C'est en tout cas la résolution qu'il prend ce jour-là face à sa conjointe. Et puis, il aura ainsi plus de temps à consacrer à sa fille Émilie, née deux ans plus tôt. N'empêche… sans vraiment qu'il ne le réalise, la vie vient encore de lui infliger une blessure qui s'ajoute à celles s'accumulant maintenant au fond de lui. Des blessures qui lui empoisonnent lentement mais sûrement la vie... et même le corps.

En effet, Bobby ressent souvent de violentes crampes d'estomac, qu'il attribue au *junk food* avalé quand l'horaire le permet. Pourtant, quand il remarque la présence de sang dans ses selles, quelque chose lui dit qu'il a de gros problèmes. Par peur ou par négligence, le jeune père préfère ne pas y penser et continue à vivre à côté de la vie.

CHAPITRE 5

— T' as un camion?

— Oui...

— Tu commences lundi.

Après la douloureuse faillite de sa petite épicerie, Bobby ne perd pas de temps à pleurnicher sur son sort; il met la clé dans la porte de son commerce le vendredi et dès le lundi suivant, il débute son travail à l'emploi d'une firme de courrier. Avec son camion, il fait la navette entre Ottawa et Montréal, transportant principalement des bandes magnétiques servant à l'échange d'informations entre les différentes succursales d'une institution financière. Il semble que personne chez son nouvel employeur ne s'inquiète de son casier judiciaire, ni de ses fréquentations avec des criminels endurcis!

Bobby travaille vite et bien. Il dispose de trois heures pour faire la liaison entre les deux villes, une heure de plus qu'il ne lui faut en temps normal. L'été, pas de problème en général, le trajet n'étant guère plus qu'une balade. Mais l'hiver venu, il est contraint au même horaire, quelles que soient les conditions météo. Les mains crispées à son volant, il affronte parfois les bourrasques de ce vent de neige qui l'empêche de voir à dix pas devant son véhicule. Les roues patinent, la neige s'accumule sur la route jusqu'à frotter sous le plancher de la camionnette, la poudreuse fond sur le pare-brise avant de geler sur les essuie-glaces et le vent frappe de plein fouet comme un ours polaire qui donnerait de l'épaule, risquant à tout coup de projeter la camionnette hors du chemin. Pourtant, jamais il n'arrivera en retard, pas même de cinq minutes.

Un jour, le téléphone sonne chez son patron.

— Salut, c'est Bobby...

— Bobby? T'es pas à Montréal, toi?

— Oui, oui, je suis arrivé... mais j'ai eu un petit problème...

— Quel genre de problème, mon Bobby? T'as pas eu un accident?

— Non, non, je suis correct... C'est les ordinateurs... C'est parce que mon *truck* à moé, il est en panne. Là, je voulais pas vous laisser tomber, tsé, ça fait que j'ai loué un pick-up pour ma livraison. J'ai mis les ordinateurs en arrière pis je les ai protégés avec une grosse toile. Mais je sais pas comment ça se fait, le vent a comme pogné dans la toile sur l'autoroute...

— Ah non! Non!

— ... pis là, quand j'ai regardé dans le miroir, il était trop tard... je voyais les boîtes d'ordinateurs revoler partout sur l'asphalte...

— Cibole!

— J'ai ramassé les morceaux... Je sais pas ce que vous voulez faire avec...

Pauvre Bobby! Il fallait bien que sa mésaventure tombe sur un nouveau et important client qui, curieusement, n'a jamais plus fait affaire avec son employeur... Cette maladresse ne lui coûtera cependant pas son emploi. Bobby continue de faire quotidiennement le trajet Montréal-Ottawa, tout en composant avec de sévères problèmes de santé qui vont en s'aggravant. Puis, en septembre 1994, il finit par se laisser convaincre de consulter un médecin à Montréal. Le diagnostic le frappera plus violemment que n'importe quel coup de poing au visage :

— Crohn, Monsieur Savoie, maladie de Crohn. C'est une maladie grave du système digestif.

— Grave... grave comment?

— Grave comme dans «vous ne sortez même pas de l'hôpital». On vous garde et je vais immédiatement vous faire admettre pour une chirurgie.

115

— C'est VOUS qui êtes malade! Je reste pas icitte, moé! Je veux pas me faire opérer!

— Je peux comprendre que ça puisse vous faire peur, mais réfléchissez bien! Vous vous empoisonnez en ce moment même avec ce que contiennent vos intestins. Vous avez déjà trop attendu; dans votre cas, chaque heure qui passe est critique.

Dans les heures qui suivent, Bobby est opéré. Sa famille est avisée et dès qu'il est hors de danger immédiat, le malade est rapatrié chez lui pour commencer sa convalescence. Le chirurgien n'a pas été plus enthousiaste qu'il faut; les prochains jours détermineront de la suite des événements.

Bobby espère redonner un cours normal à sa vie, mais le sort en a décidé autrement car il développe une infection qui le force à retourner à l'hôpital le 14 mars 1995. Au cours des huit jours qui suivent, il doit être opéré trois fois. Le jour de sa dernière opération, l'équipe de chirurgie se fait pessimiste lorsqu'elle rencontre les parents de Bobby.

— Écoutez, il fait infection sur infection... Si on ne l'opère pas, il va mourir. Il est en train de nous glisser entre les mains. Il ne passera peut-être pas au travers. Et puis, on n'a aucune idée de ce qu'on va trouver là-dedans... Il n'est peut-être même plus opérable! (*sic*)

Cette nuit-là, Bobby reçoit les derniers sacrements. Il perd quinze kilos en treize jours et depuis le diagnostic, reçoit plus de cinq cents injections de *Démérol* pour atténuer son mal. La maladie aurait-elle finalement terrassé ce colosse qui ne craignait rien ni personne?

Il semble toutefois que la destinée avait d'autres plans pour Bobby. Lentement, miraculeusement même, le jeune homme récupère des forces. L'infection disparaît graduellement et au bout de quelques semaines, il revient enfin sur pieds!

En juillet 1995, quatre mois après avoir frôlé la mort sur la table d'opération, Bobby se sent revivre. Bien sûr, il est encore trop tôt pour reprendre un travail quotidien, mais ça ne saurait sûrement tarder. Et puis, il s'inquiète un peu pour son père qui souffre d'un problème à la jambe. Cet été-là, ce sera au tour de Robert Savoie Sr de faire un séjour à l'hôpital, après qu'on lui ait diagnostiqué une phlébite. Bobby saisit l'occasion de reprendre la route et remplace son père à la livraison des journaux, le temps que ce dernier récupère. Son initiative sera de bien courte durée : le soir même de sa sortie de l'hôpital, il insiste pour reprendre sa route de journaux.

— Voyons donc, papa, t'es pas guéri encore! Laisse-moé faire, je suis capable! C'est moé qui l'a faite cette semaine! Toé, repose-toé!

— Non, Bobby, je veux le faire. C'est ma route. C'est à moé de la faire.

Bobby a beau insister, rien n'y fait. Ce que son père peut avoir la tête dure parfois! De guerre lasse, fiston abandonne et remet les clés de la camionnette au paternel. Quelques jours plus tard, Bobby fait une nouvelle tentative et essuie un nouveau refus. À l'horizon, le soleil se couche en ce 23 août 1995. Un dernier crépuscule pour Robert Savoie. Pour Bobby et sa famille, la nuit qui vient durera plusieurs années.

*****

Si on lui en donnait l'opportunité, un psychologue conclurait probablement son étude de la famille Savoie en disant que la mort du père n'aura que précipité l'aboutissement du mal qui rongeait chacun des frères intérieurement. Ainsi, Raymond, l'aîné de la fratrie, accusait déjà un sérieux problème d'alcoolisme avant la tragédie. En proie à quelques démons, il partageait sa vie avec une femme qui devait composer avec sa violence et ses excès. Les conflits conjugaux sont nombreux et pour cause car Raymond affectionne particulièrement les machines à sous, dans lesquelles il peut engloutir jusqu'à cinq cent dollars en un soir. Après la mort de Robert Savoie, les choses ne s'arrangent pas davantage et son union ne survivra pas plus de dix-huit mois. Sa descente aux enfers ne semble pas avoir de fin. Il engourdit sa douleur dans l'alcool et perd au jeu son argent et sa dignité.

Raymond est incapable de faire son deuil et le poids de la mort insensée de son père lui pèse énormément. Pour lui, la vie n'a plus aucun sens et il se néglige de plus en plus. Pire, il refuse qu'on discute de son état et encore moins du meurtre. Après que ses tourments ont éloigné sa femme et son enfant de lui, Raymond devient un ermite même pour ses frères et sa mère.

Ces derniers n'abandonnent tout de même pas espoir et organisent à son insu une petite fête pour son anniversaire de naissance qui doit être célébré le 1er mars 2001. Oh! Rien de bien compliqué, mais tout de même assez pour lui montrer que la famille est toujours là pour lui. C'est à ces quelques préparatifs que vaque Mariette Savoie lorsque le téléphone sonne le jour précédant la fête.

— Allô?

— Viens nous rejoindre à l'hôpital de Gatineau. Ils ont trouvé Raymond dans son auto. Ça a l'air que ça va pas ben!

La mère de famille est en état de choc. Il lui semble qu'à chaque fois qu'elle est demandée à l'hôpital, c'est parce qu'un de ses proches flirte avec la mort. Se peut-il qu'encore cette fois-ci...? Pierre est le premier arrivé au centre hospitalier. Lorsque sa mère et Bobby arrivent, il les aborde d'un air paniqué :

— Il y a quelque chose de *wrong*! Ils veulent pas me laisser voir Raymond depuis que je suis arrivé. Pis en plus, ils nous font attendre dans la même salle où on était quand ils sont venus nous dire que papa était mort! Je vous le dis, on va avoir une ben, ben mauvaise nouvelle.

Une équipe médicale de sept personnes rencontre finalement la famille. La mine du spécialiste qui prend la parole est grave. Choisissant ses mots au meilleur de sa connaissance, il parle de thrombose vénale et des caillots de sang énormes qu'on a trouvés aux trois centimètres dans les jambes de Raymond. Il parle des efforts déployés pour le sauver. Puis, mal à l'aise, il fait une pause. Détournant le regard pour ne pas voir la mère éplorée qui se suspend à chacun des mots qu'il prononce, il glisse à voix basse :

— Raymond est mort... Je suis désolé.

Mariette Savoie ne veut pas entendre ces mots. Après son mari, comment Dieu peut-Il lui enlever son premier-né? Et à la veille de sa fête, encore? Pourquoi lui? Pourquoi elle? À cette seconde précise, c'est *elle* qui voudrait mourir. Elle ne s'entend plus pleurer et elle sombre dans la dépression à une vitesse vertigineuse.

Comme ce fût le cas lors du décès de son père, Pierre réagit très mal à l'annonce de la mort de Raymond. Il exige d'entrer immédiatement dans la salle de soins intensifs. Dès qu'il voit le corps de son frère, il se met à hurler sa peine. Il saisit même la dépouille qu'il soulève, tout en fixant des yeux le plafond de la pièce, et s'écrie :

— Raymond! Je SAIS que t'es là, mon osti! T'as PAS LE DROIT de mourir! DESCENDS DANS TON CORPS TOUT DE SUITE!

Pour Bobby, la mort commence à avoir un goût familier. Étrange sensation, vraiment. Une partie de lui reste lucide, l'autre absorbe le choc. Les mêmes idées l'habitent. Les émotions, elles, bien que vives, s'atténuent lentement comme si elles devenaient plus... fades. Quand la mort se met à frapper autour de soi, elle est comme un ennemi qu'on invite à dîner. Au début, c'est intolérable mais à la longue, on s'y fait presque. Bobby se sent tantôt complètement coupé de l'activité qui règne au même moment dans les corridors de l'hôpital, alors qu'il y était tantôt hypersensible.

*****

Les funérailles sobres sont une occasion de resserrer les liens entre les frères Savoie. Pour plusieurs, c'est un moment d'arrêt qui ouvre la porte à une réflexion sur leur propre vie. Pierre, par exemple, a lui aussi vécu sa part d'événements dramatiques. Celui des frères Savoie qui a sans doute le plus veillé sur Bobby étant jeune a d'abord dû s'affranchir des gars du coin où il habite. La nature l'a fait plus chétif que les autres fils de Robert et Mariette Savoie, et il compense cette lacune en s'adonnant à la musculation. Il gagne en retour un physique très avantageux et connaît assez jeune le succès avec les filles.

Marié jeune, Pierre aura deux enfants, deux garçons qui

seront jusqu'à ce jour toute sa vie. Cependant, quelque chose cloche dans son royaume. Il a au fond de lui un secret terrible qu'il n'ose pas s'admettre et encore moins confier à un proche. Dans un monde de bagarreurs de rue, un monde où la virilité se mesure à la taille du biceps, à la quantité d'alcool bue et à la grosseur de l'auto, Pierre sent qu'il est... différent. Il lui faudra plusieurs années avant de s'avouer qu'il est gai. Une fois cette réalité bien en face, il prend la décision de jouer franc-jeu avec sa conjointe et ses enfants. Le choc est grand au sein de la cellule familiale, mais il arrive en véritable coup de poing pour Bobby à qui Pierre apprend la nouvelle alors qu'ils sont tous deux attablés... dans un club de danseuses nues!

Pierre et sa conjointe se séparent et font tout en leur pouvoir pour minimiser l'onde de choc sur les enfants, dont la vie doit se poursuivre le plus normalement possible. Papa ira en appartement, maman aura la garde des enfants. Maintenant libre, Pierre veut vivre pleinement sa nouvelle orientation sexuelle et devient un habitué du *night life*. D'ailleurs, la faillite de son commerce lui donne l'occasion de travailler dans les bars, où l'ambiance est toujours à la fête. C'est durant la période où il travaille comme gérant dans un bar du vieux Hull qu'il rencontre Terry, un jeune anglophone fraîchement arrivé de Toronto. Pour Pierre, c'est le coup de foudre et les deux hommes ne tardent pas à jouer de la séduction.

Pierre vit le parfait bonheur avec son amant lorsqu'il entend un jour une réflexion de ce dernier qui lui tient un bien étrange appel du cœur :

— You know, if I ever caught you with another man, I would kill you![4]

---

[4] «Tu sais, si je te trouvais avec un autre homme, je te tuerais!» (NDLE)

Pierre est surpris. Il sait que dans la communauté homo-sexuelle, on a parfois les émotions à fleur de peau mais de là à se faire tuer s'il commet un jour une infidélité, voilà qui est un peu excessif... Toutefois, au cours des jours et des semaines qui suivent, Terry devient de plus en plus agressif dans ses paroles et ses gestes. Pierre a beau vouloir le rassurer, le jeune Torontois semble d'une jalousie mala-dive. Il n'en sera jamais plus conscient que ce jour de 1999 alors qu'il procède à la fermeture du bar après les heures d'affaires. Terry étant un habitué de la place, un employé le laisse entrer avant de quitter, laissant Pierre seul avec son amant. Le jeune Savoie sent que quelque chose cloche. En effet, Terry fonce soudain sur lui en brandissant un couteau et s'écrie :

— Pierre, you bastard, I know you want to leave me! Well, it ain't gonna happen, because if I can't have you, then, nobody will![5]

Pierre a à peine le temps de pivoter sur sa droite qu'une lame s'enfonce dans sa poitrine, à quinze centimètres du cœur. Le couteau ressort, maculé de sang. Sa chemise blan-che est percée sur un bon quatre centimètres et du sang commence à imbiber son vêtement. Le jeune homme est terrorisé.

— Terry! Non, je t'en supplie, fais pas ça! Terry! TERRY!

Mais l'amant jaloux ne veut rien entendre. L'œil injecté, il frappe et frappe encore sa victime avec le couteau, puis avec ses poings et ses pieds. Pierre tombe à genoux. Peut-on seulement imaginer ce qui passe par la tête d'un homme qui *sait* qu'il va mourir? Pierre, lui, sait précisément à ce

---

[5] «Pierre, salaud, je sais que tu veux me quitter! Mais ça ne se passera pas comme ça, parce que si je ne peux pas t'avoir pour moi, alors personne d'autre ne t'aura!» (NDLA)

moment ce que son père a vécu cinq ans auparavant : une terreur sourde jumelée à un sentiment d'impuissance paralysant. La lame entre et sort de son corps, emportant chaque fois avec elle un peu de sa vie. Le jeune Savoie ne peut compter sur l'aide de personne. Il ne peut pas fuir. Il prie son défunt père de l'aider. Il plaide, il implore Terry pour que cesse la sauvage agression. Combien de coups de couteau a-t-il reçus? Il ne le sait même plus.

L'agression sanglante dure quarante-cinq minutes, puis elle cesse aussi soudainement qu'elle a débuté. La rage meurtrière de Terry semble passée. L'agresseur demande à Pierre de retirer sa chemise pour qu'il puisse compter le nombre de coups de couteau qu'il lui a assénés.

— Ça n'a aucune importance. Tout ce que je te demande, c'est de me laisser vivre!

Les deux hommes sortent de l'établissement, Pierre ne tenant sur ses jambes que par sa volonté de vivre et une bonne dose d'adrénaline. À l'extérieur, il réalise que Terry tient toujours son couteau en main.

— Terry, jette ton couteau!

— Non, tu vas t'en servir pour m'attaquer!

— … dans l'état où je suis? Voyons donc!

Terry jette l'arme et s'enfonce dans la nuit pour appeler une ambulance. Pierre est sous le choc. Comment peut-il être en vie? Pas un côté de son corps n'a été épargné. Il pourrait rester sur place et appeler du secours, mais il craint que son amant ne se rende à la maison pour s'en prendre à ses enfants dont il a justement la garde cette fin de semaine-là. Il marche donc dans l'air froid de la nuit et n'a qu'une idée en tête : rentrer chez lui, sur la rue Verdun, à quelques pâtés de maisons de là, où il les trouvera sains et saufs. Policiers et ambulanciers arrivent presque sur ses talons; c'est Terry qui les a informés de l'agression, précisant aux policiers qu'il était, lui, la victime! Mais les enquêteurs ont vite fait de comprendre le déroulement du drame et procèdent à l'arrestation du Torontois.

Après avoir vu son père dans l'antichambre de la mort, c'est au tour de Pierre de livrer un combat ultime pour sa vie. Pour Mariette Savoie, c'est sûr, Pierre ira rejoindre Robert au ciel. Comment pourrait-il en être autrement? Après tout, le sort semble bien décidé à s'acharner sur elle...

Contre toute attente, Pierre Savoie survivra à la sauvage agression. Mais il en conservera des séquelles physiques et psychologiques graves et sa vie ne sera plus jamais la même. Pour son geste, Terry est condamné à trois ans de prison, après quoi il reste sous haute supervision psychiatrique.

*****

Dans les trois mois qui ont précédé l'agression contre Pierre, Mariette Savoie a deux autres raisons de s'inquiéter pour ses fils. Son deuxième plus vieux, Mario, doit passer la prendre en voiture pour l'accompagner à un rendez-vous. Cet après-midi-là, il lui confirme le tout au téléphone, indiquant toutefois qu'il compte auparavant faire trempette dans sa piscine.

— Maman, je vais juste prendre une *toque* pis je m'en viens.

Mais les heures passent et Mario n'arrive pas. Quand le

téléphone sonne enfin, c'est la belle-mère de son fils qui est au bout du fil :

— Mario est à l'hôpital! Il a eu un accident à matin!

— Ben voyons donc! Dites-moi pas qu'il s'est fait *lutter* par un *char*?

— Non, non. Il a voulu faire un *back-flip* mais il a frappé le fond de la piscine.

Mario s'est blessé mais il échappe de cinq centimètres à la paralysie; une vertèbre plus haut et il ne marchait plus jamais! Fait pour le moins étrange, Mario confie à sa mère que «c'est un ange» qui l'a sorti de l'eau. Interrogé par la famille, le médecin traitant indique que la nature même des blessures subies l'aurait empêché de se déplacer un tant soit peu...

Environ un mois et demi plus tard, c'est au tour de Daniel d'inquiéter ses proches. Tout frais sorti de désintox, il fait une rechute et écume les bars toute la journée. En soirée, il se rend avec un ami dans un bar de danseuses nues du boulevard Gréber, à Gatineau. Comme il est en état d'ébriété avancé, on lui en refuse l'accès. Qu'à cela ne tienne, le client rabroué entend se rendre de l'autre côté du boulevard où se trouve un établissement similaire. Il est vingt-trois heures et il titube tant bien que mal sur la rue, quand une voiture le frappe de plein fouet! Daniel a la jambe presque arrachée. Le blessé est transporté à l'hôpital et le chirurgien qui le voit reste perplexe.

— Daniel, crois-tu en Dieu?

— Euh... ben oui!

— Est-ce que ça t'arrive de prier?

— Oui, des fois...

— Ben, t'es mieux de prier parce que franchement, je sais pas encore si je répare ta jambe ou si je la coupe!

On dit souvent qu'il y a un Bon Dieu pour les ivrognes... Si c'est le cas, c'est sûrement à Lui que Daniel doit la faveur d'avoir finalement pu retrouver l'usage de sa jambe et d'avoir guéri de ses blessures!

CHAPITRE 6

Ironiquement, on pourrait croire que le fait d'avoir connu tous les côtés de la violence auraient disposé Bobby à comprendre les agissements des meurtriers de son père. Après tout, n'ont-ils pas eux aussi été aux premières loges de la violence et de la mort durant leur jeune vie? Chacun des trois adolescents a un passé chargé, mais l'histoire de Frank Verner mérite qu'on s'y arrête.

Le cadre familial ne prédispose en rien l'aîné à une vie de criminalité. Son univers bascule un jour et à l'âge où les enfants commence l'école, l'enseignement qu'il reçoit le marquera à jamais. En 1981, alors qu'il n'est âgé que de quatre ans, Frank joue devant la maison familiale d'un quartier d'Ottawa lorsque son jeune frère de deux ans et lui sont abordés par un voisin. Le visage de l'homme est familier et sympathique. Profitant d'un moment d'inattention de la gardienne et sous un quelconque prétexte, il invite les enfants chez lui, juste à côté. Puis, donnant libre cours à ses plus bas instincts, il agresse sexuellement les deux enfants à répétition. Son petit jeu terminé, l'homme prend les bambins sans ménagement avec lui et se rend jusqu'au canal Rideau qui traverse la ville d'Ottawa. Après avoir jeté un coup d'œil à gauche et à droite, il jette les deux petites victimes à l'eau et rentre rapidement chez lui.

Le sentier qui borde le canal est un lieu de prédilection pour les marcheurs et les sportifs de tout acabit. Cet après-midi-là, une jeune femme pratique son jogging quotidien, dont le trajet longe une partie du cours d'eau. Alors qu'elle court, son attention est attirée par des mouvements dans l'eau. Elle pense qu'il s'agit d'un des quelques cygnes qui peuplent les abords du canal mais alors qu'elle jette un coup d'œil, la passante distingue clairement... un enfant! Estomaquée, elle se précipite immédiatement dans sa direction, surprise de ne constater la présence d'aucun adulte. Elle arrivera à sauver Frank, mais il est trop tard pour son jeune frère qui s'est noyé et dont le corps flotte, inerte.

On dit qu'il n'est de pire torture pour un parent que la mort de son enfant. Or, le décès d'un enfant de deux ans qu'on a noyé pour camoufler une agression sexuelle est un calvaire qui dépasse l'entendement. Mince consolation pour les parents, Frank est en mesure de raconter les détails du drame, incluant l'identité du meurtrier de son petit frère. L'homme est appréhendé, jugé et condamné... à deux ans de prison! C'est la goutte qui fait déborder le vase pour le père des deux jeunes victimes, qui échafaude sa vengeance dès le prononcé de la sentence. Son plan est simple... peut-être même un peu trop...

Verner père commet un délit quelconque afin d'être condamné à la prison. La justice n'est pas très originale dans son fonctionnement et sans surprise, l'homme est condamné à purger une peine dans le même établissement carcéral que le meurtrier de son fils. La table est mise; il peut enfin mettre son plan à exécution. Profitant d'une occasion et muni d'une arme artisanale, il fonce sur l'agresseur avec l'intention de le tuer. Mais c'est sans compter sur un détail : sa victime est plus costaude que lui. Les deux hommes s'affrontent bientôt dans un corps à corps sans merci. Au terme de la bagarre, un seul des deux protagonistes se relève. L'autre gît sur le sol dans une marre de sang, un couteau artisanal planté au corps.

Verner père décède des suites de ses blessures. Venu se faire justice, il aura perdu la vie aux mains de celui-là même qui a assassiné son enfant! L'épouse éplorée doit quitter la maison familiale avec son fils. Privés du revenu paternel, la mère et le fils vivront dans la pauvreté des quartiers mal fréquentés de la ville. Frank Verner grandit sans l'encadrement paternel, avec une rage sourde au cœur. À l'école, il dit que son père n'est plus mais plusieurs petits camarades savent qu'il est mort en prison. Et on sait comment les enfants peuvent parfois être cruels...

C'est donc avec ce lourd passé que le jeune homme fait face à la justice pour le meurtre de Robert Savoie. Au fond, certains parallèles pourraient être faits avec l'enfance et l'adolescence de Bobby, mais ce dernier ne se sent malgré tout aucune compassion ni empathie envers Verner ou son complice. Longtemps après le verdict de culpabilité de Verner et Rolland, il mûrit sa haine.

Un jour, il reçoit un étrange coup de fil d'un inconnu.

— Bobby Savoie, c'est toé ça?

— Oui… Qui parle?

— Tu me connais pas. J'appelle parce que j'ai lu ce qui est arrivé à ton père dans le papier. Moé, j'ai une offre à te faire.

— Une offre? Quelle sorte d'offre?

— Les deux p'tits crisse de crottés qui ont tué ton père, ils sont au *pen* de Kingston. Moé, j'ai des contacts en dedans. J'ai des gars qui sont prêts à leur faire la job pour pas cher.

— Faire quoi?

— Leur casser les jambes, osti! Pour mille cinq cents piastres. T'as rien qu'à te rendre à l'hôpital de Kingston, c'est proche du pénitencier. Je vais te dire à quelle heure, quelle date. T'arrives là avec ton enveloppe pis nous autres, on s'occupe du reste. Tu seras même pas revenu chez vous qu'on va leur avoir réglé ça.

— Non, non, faites pas ça. C'est pas nécessaire. Vous êtes ben fin, mais je veux pas.

Bobby raccroche. Ce n'est pas que l'offre lui paraisse immorale. Seulement, voilà, il se dit que personne ne va faire le travail à sa place. Sa vengeance, c'est son affaire à lui et à personne d'autre.

****

Après ses chirurgies et la mort tragique de son père, le plus jeune des frères Savoie a repris la route des journaux. Chaque jour, il quitte la maison vers vingt-deux heures quarante-cinq pour se rendre au quotidien *Ottawa Citizen*, où il travaille jusqu'aux environs de quatre heures trente le lendemain matin. Il cumule plus d'un emploi et s'enfouit dans le travail sans vraiment s'en rendre compte. L'argent entre comme jamais. Il s'offre une grosse maison avec piscine creusée, possède pas moins de cinq voitures dont trois sont flambants neuves. Grâce à son gros train de vie, il paie sa maison en seulement cinq ans. Il couvre sa femme, sa fille de 8 ans et son entourage de cadeaux; en fait, il achète l'amour.

Puisqu'il prend peu soin de lui-même, Bobby gagne du poids à vue d'œil. Il se refuse à l'admettre mais sa vie de couple bat de l'aile. Et pour cause : il n'est à peu près jamais à la maison, sinon pour y dormir. Quoique même son sommeil ne lui apporte pas de véritable répit. Souvent, il rêve des minutes qui ont précédé la mort de son père. Un cauchemar qui se répète inlassablement, soir après soir. Pour lui, la vengeance est devenue sa seule raison de vivre. Les semaines, les mois passent sans qu'il ne démorde du plan machiavélique qu'il échafaude secrètement. Dès leur sortie de prison, les deux meurtriers de son père commenceront LEUR longue agonie.

Bobby pourrait s'émerveiller des progrès de sa fille Émilie, de la voir grandir, ou même de sa propre richesse nouvellement acquise. Mais la seule idée qui lui apporte un semblant de réconfort est celle des tortures auxquelles il soumettra Verner et Rolland. À ce stade, ce n'est pas une simple fabulation, c'est un but authentique qu'il compte atteindre et dont il attend une certaine libération. Tout est calculé, planifié; l'endroit et la façon dont il procédera ne souffrent que de modifications mineures avec le temps. Par le service correctionnel, il se tient au fait de l'évolution de la sentence et attend son heure.

Bobby tient absolument à ne pas éventer son secret, de peur qu'on l'empêche d'accomplir ce qu'il croie être sa destinée.

S'il est rongé à son tour par une flamme meurtrière à l'intérieur, il prend cependant soin de n'en rien laisser paraître à l'extérieur. Depuis qu'il a cessé de boire et de consommer toutes sortes de drogues, son humeur a changé et pour le reste de la planète, sauf sa conjointe et sa fille, Bobby est l'image de la joie de vivre. Il rentre au travail tous les jours et prend le temps de jaser avec l'un ou l'autre de ses collègues, en évitant soigneusement le sujet de la mort de son père. Il blague et se permet même de jouer des tours à l'occasion. En autant qu'il est concerné, bien malin celui ou celle qui devinera ses pensées les plus morbides... C'est cependant sans compter sur l'intuition féminine! Alors qu'il fait sa tournée habituelle des employés du quotidien, avec qui il aime jaser de tout et de rien, une secrétaire lui fait un jour cette bien curieuse remarque :

— Bobby, t'es pas tanné de porter tes masques? Tu sais, tes faux sourires... T'es pas tanné de porter ça?

Bobby reste surpris. Il ne sait trop ce que la jeune femme veut dire par là, mais il n'aime pas le sous-entendu qu'il en perçoit.

— Moé, un faux masque? Ben non... Quessé tu veux dire par là?

— Tu portes des masques, Bobby. T'es souriant, tu blagues avec tout le monde mais à l'intérieur de toi, t'as de la peine comme c'est pas possible. De la haine, aussi.

— Hein? MOÉ? T'es pas ben, toé! Tu me connais même pas! Quessé qui te prend de me dire des affaires de même!

La jeune femme lui explique qu'elle s'investit depuis quelque temps dans un processus de croissance personnelle. Elle remet à Bobby le prospectus d'un organisme du nom de «La Renaissance». À l'intérieur, son attention se porte immédiatement sur la phrase suivante :

La conférence te sera bénéfique si tu te reconnais dans l'une de ces caractéristiques :

- Je hais beaucoup de gens; je n'accepte pas la perte d'un être cher;
- Je ne pardonne pas facilement; j'ai de la difficulté dans mes relations;
- J'ai un esprit de vengeance;
- Je m'évade dans la boisson, la drogue, le jeu, la sexualité, la nourriture;
- Je vis des peurs, des rages, des angoisses, des inquiétudes;
- Je porte des masques;
(...)

Bobby est estomaqué! C'est comme si ce dépliant, probablement tiré à des milliers de copies, avait été écrit juste pour lui! Il se reconnaît dans la grande majorité des caractéristiques décrites. Sa curiosité est piquée à vif et il continue sa lecture : Marc Gervais est un ancien policier ontarien qui semble détenir un important bagage d'expérience personnelle, dont il partage le fruit avec ceux qui viennent l'écouter. *Osti, il fallait ben que je tombe sur un policier!* Mais comme autant de fruits trop mûrs, Bobby sent que ses réserves tombent une à une. Il sait qu'il a besoin d'aide et si quelqu'un peut quelque chose pour lui, c'est sûrement cet homme. Après tout, le jeune Savoie a demandé dans ses prières à ce que Dieu mette sur son chemin quelqu'un qui puisse lui venir en aide. Plus il lit le document, plus il est convaincu que Marc Gervais est cet homme. Bobby saisit le téléphone et l'appelle directement.

— Bonjour... Mon nom, c'est Robert Savoie. J'ai vu

votre *pamphlet* pis j'ai besoin de votre aide.

— Qu'est-ce qui se passe?

— J'ai VRAIMENT des problèmes. Ma femme vient de me laisser. Je m'aime pas. J'ai beaucoup de haine en dedans de moé. Si tu peux pas m'aider, je pense que je vais me suicider. J'ai déjà fait deux tentatives, tsé!

Étant intervenu à maintes reprises auprès de désespérés, son interlocuteur n'est pas particulièrement impressionné par les propos qu'il entend.

— C'est Bobby, ton nom? Écoute-moi bien, Bobby. Première affaire, tu te suicideras pas. Tu vas attendre à vendredi; il y a une session de trois jours qui commence. Tu vas venir à la session, tu vas t'asseoir pis tu vas écouter ce que j'ai à te dire.

— Oui, mais je sais pas si je vais *toffer* jusqu'à vendredi…

— Ben oui, tu vas *toffer*. Sais-tu pourquoi? Parce que ça va faire, chercher à te sauver devant ton problème. Viens vendredi pis crois-moi, on va l'affronter ensemble pis on va t'aider à le régler une fois pour toute. C'est ça que tu veux, non? Le régler une fois pour toute?

— Ben là… Oui, c'est sûr, mais…

— Bon ben, regarde. Fais-moi confiance. Ça fait déjà au-dessus de cinq cents conférences que je donne pis j'en ai vu toutes sortes de monde avec toutes sortes de problèmes. Tu serais surpris de voir combien de personnes vivent les mêmes affaires que toi.

Bobby accepte de s'inscrire et, surtout, de surseoir à toute tentative de s'enlever la vie. Il n'a vécu que dans l'attente de sa vengeance, mais sa haine est devenue si corrosive qu'elle lui a empoisonné la vie au point d'en être littéralement insupportable. Toutefois, en raccrochant le combiné du téléphone, il sent déjà un poids de moins sur ses épaules. Se pourrait-il que cette fois-ci soit la bonne? Il commence déjà à se préparer en prévision du week-end qui vient. La conférence se donne dans la salle de réunion de la Fraternité des policiers de Gatineau. Une petite ironie du sort pour Bobby, qui ne porte pas les agents dans son cœur...

De retour au travail le lendemain, il se dirige droit vers le bureau de la secrétaire qui lui a remis le dépliant la veille.

— Eille, je voulais te dire merci pour hier. J'ai parlé à Marc Gervais. Je pense qu'il peut faire quelque chose pour moé. Je me suis inscrit, il y a une session en fin de semaine.

— Je suis contente pour toi, Bobby! Tu vas voir, tu le regretteras pas. Marc, il est extraordinaire. Il aide tout plein de gens, tu devrais voir ça!

Étrangement, Bobby n'en doute pas. Il a confiance. Il sait qu'il a un problème à régler... un problème qui lui empoisonne la vie.

CHAPITRE 7

Vendredi matin arrive enfin. Bobby stationne son véhicule et entre dans le vestibule de l'immeuble. Pour un établissement public, la décoration est plutôt ordinaire. L'ambiance est feutrée, sans doute en raison de l'omniprésence du tapis dont on a même recouvert les escaliers. Sur la droite, quelques personnes font le pied de grue devant les portes de la salle de réunion; d'autres clients du conférencier, sans doute. Bobby pique vers le comptoir de la réception situé sur sa gauche. Il expédie prestement les formalités d'enregistrement, puis il prend sa place et attend. Les convives s'installent l'un après l'autre dans un silence mal aisé. D'un système de son sort une musique étrangement chaude, curieusement rassurante. Après quelques minutes, Marc Gervais fait son entrée à son tour.

Ce 3 décembre 1999, Bobby l'ignore encore mais il est sur le point de vivre une expérience qui changera à jamais le cours de sa vie. Ici, dans ce petit local au décor banal, il va enfin faire face aux démons qui le bouffent littéralement par en dedans depuis son enfance. Lui qui s'attend à voir un homme en complet veston-cravate, il se surprend à penser que cet homme donne l'impression d'être un gars bien ordinaire. Simplement vêtu d'un jean et d'un chandail à col en V, l'ex-policier a la carrure athlétique et typique des jeunes agents des forces de l'ordre. Bobby n'a aucune difficulté à l'imaginer dans l'uniforme de la Police municipale de Hawkesbury, en Ontario, qu'il portait il n'y a pas si longtemps encore. D'entrée de jeu, Marc Gervais met cartes sur table. Il invite les participants à écouter et à se prêter de bonne grâce à la session qui débute.

— Si tu es ici, c'est parce que tu veux apprendre quelque chose. Ce n'est pas moi qui vais te guérir de tes problèmes, c'est toi. Moi, quand la session va être finie, je m'en retourne chez moi et je ne penserai même plus à toi. C'est toi qui va devoir continuer ta vie après. Parce que n'oublie pas : ce qu'on fait ici, pour les trois prochains jours, c'est de te donner les outils pour prendre ta vie en main. Mais il faut que tu sois prêt à accepter d'en avoir, des outils. Ça fait que je vais t'inviter à laisser tomber ton mur de Berlin... ta carapace qui fait que tu doutes et que tu te dis «Non, il pourra pas m'aider». Si tu ne veux pas que je t'aide, c'est certain que je ne t'aiderai pas. N'essaie pas de penser en avant. Fais juste suivre. Écoute... et commence donc par t'asseoir droit pis décroiser tes bras!

Bobby est surpris mais un coup d'œil autour de lui le rassure; la remarque s'adressait à tout le monde dans la salle et non juste à lui. Un peu décontenancé, il ne sait trop que penser de l'homme qui se tient devant le groupe. Bien sûr, il réalise qu'il est logique de s'investir honnêtement dans l'exercice qu'il s'apprête à vivre mais d'un autre côté, l'homme qui lui parle ne représente-t-il pas ce genre d'autorité que le jeune Savoie n'a jamais respectée ? Mais la curiosité et le besoin qu'a le jeune homme de guérir de vieilles blessures encore vives l'emportent finalement.

L'un des principaux ateliers de la journée capte d'ailleurs toute son attention puisqu'on y aborde la question du deuil. Bobby sait qu'il n'a jamais fait le sien de la mort de son père et il se sent envahi par les émotions lorsqu'il doit écrire une lettre au défunt. À 31 ans, Bobby n'a rien d'un écrivain, mais il n'en sait pas moins ce qu'il veut dire à son père, comment il se sent coupable de l'avoir laissé prendre le volant ce fatidique soir d'août 1995 où le sexagénaire a trouvé la mort, combien il aurait voulu entendre ses cris de détresse dans la nuit au lieu de dormir, et surtout combien cruelle est son absence.

Si l'hommage qu'il rend est grand, Bobby ne manque toutefois pas l'occasion d'adresser au paternel d'amers reproches : ses absences répétées, son manque de communication, ses violentes colères qui grondaient comme le tonnerre et ses gifles qui claquaient comme l'éclair. Il y a aussi les choses de la vie que Bobby a dû apprendre de lui-même et les erreurs qu'il aurait pu éviter. Après quoi, il se prête à un exercice bien difficile, soit celui de revivre le port symbolique du cercueil, comme pour enfin mettre en terre cette partie de son père restée accrochée à sa vie à lui.

Débutée vers neuf heures ce matin-là, la session du vendredi se poursuit jusqu'à vingt-deux heures. Bobby traverse plusieurs ateliers où tantôt il rit, tantôt il pleure. Il commence également à comprendre ce qu'est l'amour et il s'initie à une notion jusque-là inconnue de lui : le lâcher-prise. L'enseignement de cette dernière valeur revêt pour lui une grande importance puisque c'est à travers elle qu'il compte fermer le livre sur la mort de son père. Le lâcher-prise lui permet également de comprendre qu'il doit savoir distinguer les choses qu'il peut changer de celles sur lesquelles il n'a aucun contrôle.

*****

Sans être paresseux, Bobby ne déteste pas s'accorder un peu de repos le matin, surtout après une journée aussi éprouvante. Sauf qu'il n'en aura pas le loisir en ce samedi matin puisqu'il doit à nouveau rejoindre le groupe vers neuf heures. Il se prépare prestement et se rend à la salle où quelques participants à la session se trouvent déjà. Tout en prenant sa place, Bobby réfléchit. Il a vécu des choses importantes la veille et si la session s'était terminée là, il en serait reparti somme toute satisfait. Il se sent d'ailleurs moins tendu qu'à son arrivée, la veille. S'il s'interroge sur la pertinence des ateliers à venir, son humeur est badine et il échange gaiement avec quelques-uns des participants avec qui il s'entend bien.

Alors que les retardataires franchissent l'entrée de la salle où cette deuxième journée de session doit avoir lieu, le jeune homme se demande bien ce qu'il pourra apprendre d'intéressant aujourd'hui. Mais la porte à peine fermée, il réalise rapidement qu'il a largement sous-estimé la qualité de Marc Gervais. Avec son style parfois cru, souvent cinglant, mais toujours efficace, celui-ci propose à son auditoire une série d'ateliers comprenant des exercices d'écriture. L'un de ces ateliers traite des abus sexuels. Bobby ose à peine croire qu'il couche sur papier en ce moment même les circonstances troublantes d'une agression sexuelle dont il a été victime alors qu'il n'avait que sept ans! Ce secret, il l'a toujours gardé profondément enfoui en lui et ne l'avait jamais révélé à personne. Son «mur de Berlin» devait avoir pris la forme d'un barrage car c'est une véritable débâcle émotive qu'il vit, pleurant sans retenue, livrant ses larges épaules à des secousses quasiment sismiques.

L'exercice lui permet également de régler des comptes par écrit : les torts qu'on lui a faits, ceux qu'il a lui-même causés, tout y passe. À la fin de la journée, Bobby n'en revient tout simplement pas de constater à quel point il vit une grande paix intérieure, une libération sans précédent. Il se sent devenir le Robert junior qu'il a toujours voulu être : libre d'être lui-même et... libéré de lui-même à la fois. Il rentre chez lui et appelle sa mère à la maison malgré l'heure tardive; il tient à partager avec elle ce nouveau bonheur.

— La mère, osti, c'est pas croyable ce que je vis icitte. Je te dis, *Mom*, tu me reconnaîtrais pas! Je me sens tellement ben... Il faut que tu viennes vivre ça, toé aussi!

Ces trois journées ne sont pas seulement longues, puisqu'elles débutent tôt et s'étirent jusqu'à tard en soirée, elles sont également bien remplies. Aussi, lorsque Bobby prend son petit déjeuner le dimanche matin, il a les yeux si petits qu'on les croirait fermés. Sa bonne humeur n'a pas disparue pour autant, surtout qu'il estime que le pire est maintenant derrière lui. Après tout, qu'est-ce qui pourrait bien l'atteindre maintenant, lui qui a la certitude d'avoir sorti tous les squelettes de son armoire?

C'est plutôt mal connaître Marc Gervais. Un observateur moyennement attentif ne manquerait pas de remarquer ce matin-là une sorte de sourire narquois mais discret à ses lèvres. L'ex-policier sait que cette journée est un *make or break* [6] pour certains participants qui n'ont pas encore cédé. En fait, son travail du week-end pourrait se comparer à

---

[6] *ça passe ou ça casse* (NDLE)

celui d'un dynamiteur qui place patiemment ses charges explosives une à une. Pour certaines personnes plus sensibles, la détonation survient dès le vendredi matin mais pour d'autres, comme Bobby, ce sera le samedi. Mais ceux qui présentent un blocage émotif les ayant empêchés jusque-là de se libérer n'ont à peu près aucune chance de traverser la dernière journée indemnes. La session intensive met alors le feu aux poudres et le participant ne peut faire autrement que de voir ses dernières barricades s'effondrer.

— Comme dernier atelier, je vais te parler du pardon. Pourquoi j'ai gardé ça en dernier? C'est parce que tu avais d'autres apprentissages à faire avant. Aujourd'hui, je vais t'apprendre à pardonner à ton abuseur, à ceux qui t'ont fait du mal.

Bobby se sent troublé. Il reconnaît avoir fait beaucoup de progrès au cours du week-end, mais de là à pardonner à ceux qui ont lâchement battu son père jusqu'à ce qu'il meure au bout de son sang, il y a toute une marge!

— Pardonner, ça ne veut pas dire que ce qu'on t'a fait c'est correct. Ça veut juste dire que tu refuses de continuer à être l'esclave de la haine que tu as envers eux.

Tout au long de son atelier, Marc ne connaît à peu près rien des gens qui sont devant lui. Il n'en a pas besoin; il semble avoir développé un sens perceptif très aiguisé qui lui permet d'identifier rapidement les blessures à l'âme de ceux à qui il parle. En ce moment même, il ignore tout de la vie de Bobby et du meurtre de Robert Savoie Sr. Mais alors qu'il arpente les rangées de sièges dans la salle au moment où les participants se livrent à une réflexion personnelle, il glisse cette phrase à l'oreille de Bobby :

— Si tu as droit au pardon malgré ce que tu as fait dans ta

vie, ceux qui t'ont fait du mal ont aussi droit au pardon.

L'affirmation se transforme en véritable révélation pour Bobby. Comment, en effet, peut-il accepter de se pardonner ses propres fautes et ne pas pardonner celles des autres ? Du coup, toute son échelle de valeurs, la base même de cette haine meurtrière qu'il éprouve depuis quatre ans pour Jimmy Rolland et Frank Verner, se trouve sérieusement ébranlée.

Pour comprendre pareil revirement, il faut se placer dans le contexte d'une personne rongée de l'intérieur par un mal d'être qui la transforme en véritable zombie. Une partie de l'âme ne semble rester vivante que pour nourrir la haine de l'autre. S'il n'est pas brisé, ce cercle mène inexorablement à l'autodestruction. Or, Bobby apprend qu'il a en lui un petit garçon qui a envie de vivre, un petit garçon qu'il a enfoui au plus profond de lui-même alors qu'il n'avait que sept ans, ce jour même où il a vu son père rentrer à la maison couvert de sang. Aujourd'hui, l'enfant en lui l'appelle à cesser la guerre interne qu'il vit depuis trop longtemps; une guerre qui ne mène nulle part puisqu'il n'a aucune chance de la gagner.

Bobby pleure. Il se remémore ses bagarres dans les bars, dans la rue, ses voies de fait sur des policiers. Il se souvient de ses accidents trop nombreux où la drogue et l'alcool avaient altéré son jugement. Plusieurs fois il aurait pu, lui aussi, tuer quelqu'un involontairement. Si ce n'est pas arrivé, ce n'est pas grâce à lui mais uniquement le fruit du hasard ou de sa destinée. N'empêche. Lui qui jugeait si durement les deux adolescents assassins, comment serait-il à son tour jugé advenant le décès d'une de ses bien involontaires victimes? Plus important encore : comment *voudrait-il* qu'on le juge? Bobby se ressaisit; *Ouin, mais moé, j'ai vécu ben des affaires que ben du monde ont pas vécu...* Cette pensée n'a pas franchi le bout de ses lèvres qu'elle s'arrête net; a-t-il déjà lui-même pris en considération les drames horribles vécus par au moins un des meurtriers dans sa jeunesse? Jamais. Le crime lui paraissait si impardonnable qu'il n'a jamais poussé plus loin la réflexion. Lentement, calmement, une réalité nouvelle prend place dans son esprit : *Si moé, j'ai droit au pardon après tout le mal que j'ai fait, il faut que je pardonne à ces personnes-là. Il faut que je le fasse... pour moé! Il faut que je me libère encore plus pour que je devienne encore une meilleure personne.*

Puis arrive le moment fatidique... Bobby peut choisir de vivre pour le restant de ses jours avec ce poids qu'il ne peut plus ignorer ou s'en libérer pour la vie. Ici. Maintenant. Autour de lui, l'atmosphère est... étrange. Longuement absorbé par ses pensées, il n'a pas remarqué qu'il n'est pas le seul à être transporté par ses émotions. Un coup d'œil à la ronde lui permet de voir des participants qui sourient, d'autres qui ont la tête enfouie dans leurs mains. Les braillements d'un homme attirent brièvement son regard. À sa droite, dans la rangée derrière lui, il voit Roger en proie à une peine qui semble sans fond. La quarantaine tardive, peut-être la cinquantaine mais alors toute jeune, Roger était resté silencieux, le visage impassible, tout au long des deux dernières journées. Bobby ne sait pas grand-chose de lui. Chacun peut choisir de s'ouvrir ou non aux autres. *Vas-y, soulage-toé, mon Roger. Envoye, osti. Tu vas te sentir tellement ben après,* se dit-il. Ici, personne n'épie l'autre. Bobby est simplement conscient qu'il y a d'autres participants qui, comme lui, vivent divers drames à un degré différent de l'autre. C'est pourquoi, lui qui a passé sa vie à projeter une image de dur, il laisse volontiers couler ses larmes quand l'intensité du moment le commande.

Le week-end se termine enfin... ou trop tôt. Les liens que

Bobby a tissés ces jours derniers avec d'autres participants sont plus vrais que ceux qu'il croyait avoir avec certains de ses «amis» d'enfance. Le temps de quelques accolades et il ramasse ses affaires pour reprendre le chemin de la maison. Émotivement et physiquement, il est vidé. L'air frais du mois de décembre le ravive un peu et tandis qu'il balaie la petite neige qui s'est accumulée sur son véhicule, il comprend que quelque chose a changé. Plus que tout, une phrase, un petit bout de phrase reste gravé à jamais dans sa mémoire : «Ceux à qui on ne pardonne pas contrôlent notre vie.»

Pardonner, se répète-t-il, *n'est pas endosser*. C'est simplement se libérer de son bagage de haine, de frustration et de ressentiment qui lui pesait si lourd sur les épaules. Bobby s'engage sur le chemin qui le ramène chez lui, absorbé par ses pensées. Soudain, il réalise qu'il ne se souvient même pas des trois ou quatre kilomètres qu'il vient de parcourir! Il est dans un état second mais pour la première fois de sa vie, la drogue ou l'alcool n'ont rien à y voir. Bobby sourit; il se sent bien comme jamais.

— J'ai pris mon *pack sac* de haine, d'émotions pis de marde, osti, pis j'ai donné ça aux meurtriers de papa! Arrangez-vous avec ça! Le pardon, c'est égoïste. Je le fais pas pour eux autres, je le fais pour moé.

Mariette Savoie voudrait bien croire son fils. Il est vrai qu'elle ne l'a jamais vu transfiguré de la sorte. Mais pour combien de temps? Et puis, comment pourrait-elle arriver elle-même à pardonner le meurtre de celui qui était toute sa vie?

La mère de Bobby ne sera pas la seule à douter, du reste. Seuls Pierre et elle acceptent éventuellement de tenter l'expérience d'une croissance personnelle, dont le concept semble pour les autres trop beau pour être vrai ou, simplement, un attrape-nigaud pour simples d'esprit. Bobby, lui, commence entre-temps une véritable renaissance. Il a abandonné le projet de torturer et d'assassiner les meurtriers de son père. Il se sent plus que jamais affranchi de la drogue et de l'alcool, ces béquilles avec lesquelles il a un jour pensé noyer ses problèmes. Il n'a plus besoin de se réfugier dans son travail non plus, comme il l'avait tant fait auparavant pour fuir sa vie ratée et sa haine sans bornes pour Verner et Rolland.

Un autre bénéfice qu'il retire de son week-end est d'apprivoiser sa solitude. Vivant séparé de sa conjointe depuis quatre mois, Bobby apprend à apprécier cette nouvelle vie. D'ailleurs, il ne sent plus le besoin d'acheter l'amour de ceux qui l'entourent. Voilà tout un changement! Ses amis recherchent sa compagnie pour ce qu'il est et non pour ce qu'il leur procure. Il sent une grande paix intérieure. Contrairement à son habitude, lorsque quiconque lui demande «comment ça va?», il répond qu'il va bien... et dit la vérité.

Bobby n'a pas à chercher bien loin pour trouver des amis. Tous les mercredis soirs, un suivi est organisé à la fois pour ceux qui ont vécu leur week-end ainsi que pour ceux qui veulent en avoir un avant-goût. On distingue assez aisément un groupe de l'autre : les premiers sont joyeux, chaleureux et généralement ouverts, tandis que les autres sont habituellement plus timides et réservés. Bobby s'y sent bien. Non seulement on ne le juge pas mais, au contraire, sa bonhomie et sa jovialité se communiquent rapidement autour de lui. Il s'y sent apprécié et même attendu! Et ce qui ne gâte rien, c'est que chaque semaine, Marc Gervais aborde un thème qui permet de se rafraîchir la mémoire ou d'approfondir une réflexion. Bobby peut donc à la fois continuer sa croissance personnelle *et* élargir son cercle d'amis.

Rapidement, il prend part à certaines activités. Lorsque l'organisme donne une conférence spectacle, Bobby s'occupe de la cantine. Après toutes ces années passées à son épicerie et son bar laitier, il s'acquitte de cette responsabilité sans aucune difficulté. Éventuellement, certains l'interrogent sur les motifs qui l'ont poussé à venir ici. Plusieurs voient mal comment quelqu'un d'aussi jovial et certainement heureux a pu un jour avoir senti le besoin de passer par le *boot camp* des séminaires de La Renaissance. Et Bobby, qui n'en a rien dit au cours de sa session, s'ouvre lentement à l'un et à l'autre. Sa jeunesse turbulente, la drogue, l'alcool sont le lot de plusieurs participants au point d'en être presque un profil banal. Les abus sexuels aussi sont beaucoup plus nombreux qu'on le croit. Mais un meurtre, voilà qui frappe l'imagination.

Bientôt, l'histoire de l'assassinat de Robert Savoie et surtout la guérison du fils parviennent aux oreilles de Marc Gervais. Celui-ci décide d'en parler avec Bobby.

— Eille, Bobby, j'ai entendu parler de ce qui est arrivé à ton père... C'est tu vrai, ça?

— Ben... Je sais pas ce qu'ils t'ont dit, mais c'est vrai que mon père s'est fait assassiner par des jeunes pour cinquante-cinq piastres. C'est arrivé en août 1995, aux Plaines Lebreton, à Ottawa.

— Pis aujourd'hui, comment tu te sens, là-dedans?

— Ah! Libéré! Libéré comme tu peux pas savoir. T'es passé entre les rangées, mon osti, pis tu m'as dit quelque chose à l'oreille qui m'a vraiment frappé. Tu m'as dit que si moé j'avais droit au pardon, les autres aussi y avaient droit.

— Pis? Penses-tu avoir pardonné aux meurtriers de ton

père?

La question est crue, presque impudique, mais l'homme est connu pour son habitude à dire les choses comme elles sont.

— Oui, osti, j'ai pardonné. J'ai pardonné parce que ces gars-là, moé, je voulais les tuer. Pis aujourd'hui, j'ai compris que je veux plus ça. Je leur souhaite de l'amour! Pour avoir fait ce qu'ils ont fait, ils ont manqué d'amour dans leur vie, ces jeunes-là.

— Bobby, je suis content pour toi. J'aimerais ça que tu viennes faire un partage avec moi à la prochaine session.

Un partage? Bobby est familier avec la formule. Non seulement en a-t-il vu alors qu'il était chez les Alcooliques Anonymes, mais il se souvient des témoignages troublants que l'on a présentés pendant la session à laquelle il a assisté. Mais parler, *lui*, devant une salle?

— Viens en session. J'aimerais ça que tu racontes comment tu as fait pour pardonner à ces gars-là. Pense aux gens que ça va aider…

Quand arrive le jour convenu, Bobby se présente devant une salle comble. Il n'a aucune difficulté à parler de la boisson parce qu'il se sait alcoolique et qu'il l'a reconnu chez les AA. Mais la mort de son père est une blessure encore sensible et il lui faudra une bonne demi-heure avant d'aborder la question. Quand il raconte la violence du crime, il ne peut s'empêcher d'éclater en sanglots. Que se passe-t-il donc? N'avait-il pas réussi à accorder le pardon aux deux adolescents? Si oui, pourquoi la blessure est-elle encore si vive? Marc Gervais souligne que le pardon est un processus éprouvant, mais combien libérateur. Bobby s'empresse d'ajouter :

— Je leur ai pardonné, mais j'irai pas souper avec eux autres, là!

Son premier partage est pénible. Le second l'est moins et ainsi de suite pour le troisième et les suivants. Bobby maîtrise maintenant ses émotions, qui sont beaucoup moins à fleur de peau. Et puis, il y a les encouragements qui le soutiennent :

— Eille, c'est bon ce que tu fais! Ça m'a fait pleurer, ton histoire!

— Lâche pas, Bobby!

— J'ai réfléchi à ce que tu as dit, Bobby. Si toi t'es capable de pardonner à ceux qui ont tué ton père, ben moi, je suis capable de pardonner aussi à ceux qui m'ont abusé.

Bobby tient un rôle de plus en plus important dans les sessions et les suivis. Il se charge de la vente des billets lors de spectacles; il aura même un rôle de premier plan quand Marc Gervais présente un spectacle conférence à guichet fermé au Théâtre St-Denis de Montréal. Il continue à faire régulièrement des partages et s'occupe même de réserver la salle lorsque la session se transporte à Gatineau, une fois par mois. En très peu de temps, il devient le bras droit de Marc qui en fait le directeur général de l'entreprise et son copropriétaire[7].

Bobby croit beaucoup en La Renaissance. Il voit chaque semaine des preuves vivantes du bien que l'organisme fait à ceux qui veulent se prêter aux ateliers. On y parle de

---

[7] De 2001 à 2005

valeurs morales dans le respect des croyances de chacun. Et puis, une fois la session du week-end terminée, personne n'est obligée de quelque façon que ce soit. Marc Gervais insiste pour être perçu comme le gars ordinaire qu'il est, avec ses forces et ses faiblesses.

Chaque conférence à laquelle il participe a pour effet de libérer Bobby un peu plus du joug qu'il s'est imposé depuis la mort de son père. Il est convaincu de la sincérité de son pardon envers les meurtriers, même si ceux qui l'entourent ne partagent pas son avis. Pour plusieurs, il est impensable de fermer les yeux sur un crime aussi horrible et Bobby doit souvent faire les frais de longues explications pour justifier son cheminement et son état d'esprit actuel.

Puis arrivera le moment où ses convictions seront curieusement mises à l'épreuve. En janvier 2002, le frère de Bobby, Pierre, lui fait une surprenante révélation :

— Bobby, tu sais que le pénitencier de Kingston continue de me tenir au courant de ce qui arrive à Verner pis Rolland pendant qu'ils sont en dedans. Là, ça a l'air que ça va pas ben pour Jimmy Rolland. Ils disent qu'il a beaucoup de difficulté, il sent les murs pis le plafond rétrécir sur lui, il a mal à la tête. Ça a même l'air qu'il faut qu'il fasse des séjours à l'hôpital pour ça.

Bobby est surpris. Le jeune homme serait victime d'un trop fort sentiment de culpabilité? Peut-être s'en veut-il pour le meurtre de Robert Savoie au point de s'en rendre malade... C'est alors que germe une idée folle dans la tête de Bobby, une idée si audacieuse qu'elle ébranlera les fondations même de ses nouvelles convictions face au pardon et à l'amour inconditionnel, ces deux valeurs qu'il a découvertes lors de sa croissance personnelle. Sur le coup, il n'en dit rien à son frère Pierre, mais il sait ce qu'il doit faire : il lui faut se rendre à la prison de Kingston et rencontrer le détenu en personne.

Dès le jour suivant, Bobby entame les démarches nécessaires afin de réaliser son projet. Il n'en parle pas à sa famille et se soucie d'ailleurs très peu à ce stade de ce que celle-ci peut penser. À un représentant de la justice qui l'interroge sur cette question, Bobby répond qu'il a toujours agi en tenant compte de l'opinion des autres. Il veut maintenant poser le geste pour lui et pour le jeune homme qui attend derrière les barreaux. Mais il y a autre chose : bien que Pierre, Daniel et Mariette Savoie ont tous vécu un week-end de croissance personnelle, l'effet sur eux semble avoir été moins marquant, moins durable. Sa famille risquerait de ne pas partager son désir.

Il faudra quelque temps avant que Bobby ne confie son projet à son frère Pierre. Les démarches du plus jeune n'ont pas produit les effets escomptés et l'aide de Pierre est la bienvenue. Puis, au printemps, Bobby se résout à entrer en contact avec l'enquêteur Mark Pigeon.

— You wanna do WHAT?[8]

— Je veux rencontrer Jimmy Rolland en prison, à Kingston.

Le détective est surpris, mais il ne tente pas de décourager Bobby dans sa démarche. Au contraire, il promet même de mettre sur son chemin les personnes clés qui l'aideront à atteindre son but. L'un d'eux est Andrew «Andy» Cotter, du *Projet de justice collaboratrice*, dont le rôle consiste à favoriser ce genre de rencontre. Par son intervention, il permet à des victimes de crimes violents de rencontrer un

---

[8] «Tu veux faire QUOI?» (NDLE)

délinquant pour lui faire comprendre et réaliser l'impact du crime sur leur vie. Le contrevenant rencontré n'est pas forcément celui qui a perpétré le crime contre ladite victime, mais ce sera le cas en ce qui concerne Bobby.

Andy Cotter est un gaillard costaud dont le premier contact ne manque pas de faire une certaine impression. Mesurant plus d'un mètre quatre-vingt et possédant une carrure athlétique, il est complètement chauve et pourrait aisément jouer le rôle d'un lutteur ou du chef d'un gang de motards dans un film. Sa voix est puissante et basse; il est de ceux dont il ne vous viendrait pas à l'esprit de questionner l'autorité. Pourtant, Bobby découvre en lui des qualités humaines extraordinaires. Cotter voue un grand respect aux gens avec qui il travaille, de quelque côté qu'ils soient des barreaux de la cellule. Ses grandes qualités de médiateur lui ont valu la confiance de plusieurs détenus et le succès de ses interventions.

Bobby le rencontre une première fois chez lui, un cadre de discussion qui est beaucoup plus propice que le bureau de Cotter, au Palais de justice provincial de l'Ontario, à Ottawa.

— Avant d'aller plus loin, il est important que vous réalisiez dans quoi vous vous embarquez, Monsieur Savoie, dit Andy, dont les propos sont traduits de l'anglais avec le concours de Johanne Hébert, sa collaboratrice. Rencontrer un détenu comme vous voulez le faire, ce n'est pas un processus rapide. Il y a des préoccupations à considérer, notamment au chapitre de la sécurité. La vôtre, bien sûr, mais aussi celle du détenu. La dernière chose qu'on veut est quelqu'un qui vient se faire justice lui-même, vous comprenez?

— Oui, je comprends. Mais vous avez pas besoin de vous

inquiéter; je vais pas là pour le tuer ou régler des comptes. J'aurais pu faire ça ben avant aujourd'hui!

— *Good*! Vous devez comprendre que le détenu doit lui aussi accepter cette rencontre pour qu'elle se réalise. Je veux dire... c'est pas parce que VOUS avez fait un certain cheminement que LUI est arrivé au même point de sa vie. Il a peut-être honte, il peut être dépressif, en colère ou quoi encore? Il n'est peut-être pas ouvert à ce genre de rencontre et vous devrez respecter sa décision.

— Je comprends.

Bobby aurait été prêt à ce que la rencontre se déroule dans les jours qui suivent. Il devra toutefois prendre son mal en patience pendant neuf mois. Il sent que Johanne et Andrew vont tout faire en leur pouvoir pour que la rencontre ait bel et bien lieu. Lorsqu'il prend congé des deux spécialistes, il sait qu'il a raison de vouloir mener l'affaire à terme.

Si la justice n'est pas très rapide, il en va de même pour la mise sur pied d'une rencontre entre victime et détenu. Ce n'est pas totalement involontaire car le temps qui passe permet d'éloigner ceux dont les intentions seraient mauvaises et qui n'auraient pas la patience d'attendre. Elle permet également au travailleur social de mieux connaître ceux à qui il a affaire et de les préparer mentalement à l'expérience qu'ils vont vivre.

*****

— Rolland! Get up! You have a visitor.[9]

Un visiteur? Au pénitencier de Kingston? Jimmy Rolland

---

[9] «Rolland! Debout! Tu as un visiteur.» (NDLE)

est un peu surpris puisqu'il n'attendait personne. D'ailleurs, il ne connaît même pas celui qui patiente dans la petite salle commune. Les deux hommes se serrent la main et font connaissance dans la langue de Shakespeare.

— Ils veulent me rencontrer? Moi? Pourquoi?

— Jimmy, le fils de Robert Savoie veut te dire qu'il te pardonne pour le geste que tu as commis.

— Me pardonner? Et vous croyez ça, Cotter? Voyons donc! Il veut probablement me tuer, oui! C'était dans tous les journaux…

— Peut-être il y a plusieurs années, Jimmy. Maintenant, il a fait beaucoup de chemin et il sait que tu as beaucoup de difficulté à vivre avec ça. C'est bien vrai, n'est-ce pas?

— Ben, oui, mais…

— Écoute, rien ne t'y oblige. Mais je crois que ça pourrait te faire du bien de savoir que tu es pardonné.

— Euh… Je vais y penser...

Quelque temps plus tard, Jimmy donne sa réponse. Andrew Cotter contacte alors Bobby pour lui apprendre la nouvelle.

— Il a accepté, Bobby. Si la date te convient, la rencontre aura lieu le 10 juin prochain au pénitencier de Kingston.

— Merci, Andy. Je savais que je pouvais compter sur votre aide.

Bobby jubile. Après presque un an de démarches et de rencontres diverses, il atteint enfin son but! Il rejoint immédiatement Marc Gervais à La Renaissance pour lui apprendre la nouvelle. Curieusement, Marc ne partage pas son enthousiasme.

— Tu n'as pas besoin de rien prouver, Bobby. Tu as accordé ton pardon, c'est parfait. Je suis sûr que tu étais sincère quand tu l'as fait. Qu'est-ce que ça va t'apporter de plus d'aller là?

— C'est pas pour moé, Marc, c'est pour lui. Il a besoin d'aide pis je sais que je peux l'aider. Pis pour moé, ça va être un dépassement personnel... imagine, rencontrer le meurtrier de mon père! Je le fais parce qu'il faut que je le fasse!

*****

Le printemps 2001 a presque fait place à l'été lorsque Andrew et Johanne se présentent chez Bobby. C'est vraisemblablement la dernière séance avant la rencontre prévue pour la semaine suivante. Johanne ouvre la discussion d'un air sombre.

— On a de mauvaises nouvelles... la rencontre n'aura pas lieu.

— HEIN? Pourquoi?

— Parce que Jimmy a fait une gaffe en prison, une tentative d'évasion. Andy croit qu'il n'essayait pas vraiment de s'évader, mais les apparences sont contre lui. Ils l'ont trouvé au volant d'une voiture dans la cour de la prison. L'auto n'était pas en marche et il n'essayait pas de la mettre en marche non plus. Sauf que ses permissions lui ont été retirées, dont celle de vous rencontrer.

— Osti... Je peux pas y croire...

— Tu sais, Jimmy a perdu son emploi en prison et sa copine l'a laissé. Il se sentait un peu comme si tout le monde l'abandonnait en même temps...

Bobby ne peut s'empêcher de pleurer. Sa déception est si profonde! Il relève la tête, de grosses larmes coulent sur ses joues.

— Le pire, c'est que je sais ce qu'il ressent! J'ai déjà vécu ça. Vous allez peut-être dire que c'est ridicule, mon affaire, mais... s'il était icitte, à côté de moé, je le prendrais dans mes bras pis j'y dirais «osti, je te comprends»!

— Veux-tu continuer, Bobby? Si tu veux continuer, moi aussi je vais continuer. Je suis en arrière de toi. Si tu veux lâcher, je vais te respecter dans ta décision.

— Certain que je veux continuer!

Andy et Johanne conviennent donc de reprendre les démarches pour tenter une nouvelle rencontre, lorsque les autorités carcérales le permettront.

La bourde de Jimmy n'aura finalement que des conséquences mineures pour lui. Andy travaille d'arrache-pied pour obtenir une nouvelle rencontre. Triomphant, il laisse un message à Bobby :

— Le 15 octobre! Marque ça à ton agenda : le 15 octobre, tu vas rencontrer Jimmy au pénitencier de Kingston!

Bobby se sent revivre. Peu importe le temps qu'il fait à l'extérieur, il a l'impression qu'aujourd'hui, le soleil brille pour lui seul! Rapidement, il organise les préparatifs en vue de cette journée qui promet d'être exceptionnelle. Quoique à bien y réfléchir, il convient qu'il n'attend personnellement pas grand-chose de la rencontre. Pour lui, le pardon a déjà été fait. Il sent cependant qu'il a une mission à accomplir : celle d'apporter son aide morale au jeune assassin.

CHAPITRE 8

L a rencontre avec Jimmy, c'est mon bébé. Pas étonnant que ça ait pris neuf mois avant qu'on accouche!

Le soir du 14 octobre 2002, Bobby n'arrive pas à trouver le sommeil. Il lui faut pourtant dormir s'il veut partir tôt demain pour rencontrer Jimmy Rolland au pénitencier de Kingston. Il n'y a d'ailleurs pas que le jeune détenu qui l'attende là-bas; il y a la peur, le doute et l'inconnu. Bien sûr, Andy et Johanne ont repassé plusieurs fois sur les détails de la rencontre, mais Bobby ne peut s'empêcher d'imaginer toutes sortes de scénarios. Qui parlera le premier? Sera-t-il capable de dire à Jimmy les bons mots, ceux qui lui feront prendre conscience de toute la peine, la souffrance et la rage qui l'ont rongé bien longtemps après cette nuit fatidique du 24 août 1995? L'image maintenant familière de son père s'effondrant au sol sous une pluie de coups revient encore le hanter. Les détails de la scène lui apparaissent clairement. À l'arrière plan, derrière les cris de son père, on entend même la radio restée allumée dans le camion.

Une minute... Bobby entend *vraiment* la radio qui joue. Il ouvre les yeux. Le radioréveil s'est mis en marche à six heures trente précise. Le sommeil l'avait donc gagné sans qu'il s'en aperçoive. Il lui faut se lever. Quels que soient ses doutes à ce moment, Bobby préfère ne rien laisser transparaître. Sa voix rauque du matin trahit son manque de sommeil.

À 34 ans, Robert Savoie Jr a vécu et traversé toutes sortes d'expériences, d'aventures et d'épreuves. Cependant, en se levant du lit, il a la nette impression qu'il vivra ce jour-là une expérience unique, susceptible de marquer sa vie à jamais. Avant que l'horloge ne marque midi, il aura rencontré le meurtrier de son père.

Moins d'une heure plus tard, il est prêt à partir. Dans le stationnement, le seul autre véhicule est une unité mobile de la télévision de Radio-Canada. En sortant du véhicule de la société d'état, la journaliste Marie-Ève Boissonneault se réjouit. Pas d'erreur : la mini-fourgonnette blanche qui occupe l'autre place du stationnement ne peut être que celle de Robert Savoie Jr puisque le véhicule porte l'inscription «La Renaissance» en lettres d'or contrastant avec le noir des vitres teintées. Elle est au bon endroit. La jeune reporter a de quoi être fière car non seulement elle a la chance d'accompagner Robert Savoie dans son étrange voyage mais en plus, elle en a l'exclusivité médiatique!

Les présentations sont faites. Outre Bobby, Marc Gervais

est venu en appui à son ami, bien qu'il se serait volontiers passé d'y être.

— Installez-vous dans la *van*, j'ai quelques affaires personnelles à ramasser dans mon bureau pis je viens vous rejoindre, dit Bobby avant de s'engouffrer dans la maison.

Il est entré seul et compte faire vite. Après tout, il ne tient pas à ce que l'un ou l'autre de ses compagnons soit témoin de ce qu'il doit *réellement* récupérer dans un tiroir du bureau. Dans la demi-pénombre, ses mains fouillent jusqu'à ce que ses doigts se referment sur un objet métallique et froid. *Le voilà...* Bobby sourit en pensant à la petite «surprise» qu'il réserve à Jimmy. Une surprise passée au nez et à la barbe d'Andy et Johanne, qui ignorent tout de l'idée qui a germé dans la tête de Bobby le jour même où son frère Pierre lui a annoncé l'état dépressif du meurtrier derrière les barreaux. Évidemment, il lui faudra guetter le bon moment. Il enfouit prestement l'objet dans sa poche et referme soigneusement la porte du bureau derrière lui.

Dehors, le groupe n'a pas perdu de temps. Bobby prend place dans la camionnette, directement derrière le chauffeur, flanqué de la journaliste. Le siège du passager avant est réservé pour le cameraman, à qui on demande de commencer à tourner peu après que le véhicule se soit mis en branle.

— On sera à Kingston dans environ deux heures. Comment vous sentez-vous?

Bobby, visiblement nerveux, cherche ses mots. Il confesse avoir un peu le trac. Chemin faisant, la journaliste l'amène à rappeler le fil des événements qui le conduisent aujourd'hui à cette rencontre extraordinaire. Comme il l'a fait si souvent maintenant, Bobby parle du meurtre de son père, de sa rage à lui et de sa rédemption.

Alors que le paysage de l'autoroute 401 défile avec monotonie, Bobby s'accorde un moment de réflexion. Oui, ce qui va se passer aujourd'hui dans ce pénitencier est le fruit d'une longue attente. Une trop longue attente.

Kingston est une petite ville ontarienne située à mi-chemin entre Ottawa et Toronto. Une bourgade comme tant d'autres de ces villes qui servent d'étapes sur des trajets reliant la capitale et la métropole. Son histoire, quoique indiscutablement plus jeune et moins connue que celle d'autres villes canadiennes, ne surprend pas moins par sa richesse. En plus de son rôle important dans l'aménagement du chemin de fer transcanadien, Kingston est l'une des rares villes canadiennes à mettre en valeur son passé militaire. Le visiteur voudra sans doute s'arrêter à *Fort Henry*, un musée érigé sur les ruines d'une place militaire forte construite en 1812. Lors de la première et de la seconde guerre mondiale, les installations ont servi de pénitencier pour les prisonniers de guerre. C'est également à Kingston que se trouve le célèbre Collège militaire. Le Musée canadien des services correctionnels propose un surprenant voyage derrière les barreaux d'anciennes prisons canadiennes, tandis que le pénitencier, lui, accueille ceux qui ne peuvent se contenter d'une simple visite...

C'est d'ailleurs là que se gare finalement le véhicule du centre, cent vingt minutes après son départ de Gatineau. Une fois franchies les portes de la haute barricade qui ceinture le complexe, le groupe prend quelques secondes pour contempler l'imposant édifice s'élevant fièrement devant lui. Construit en 1835, il s'agit du premier pénitencier en Amérique du Nord britannique et il conserve l'essentiel de sa structure cruciforme originale. Ses hauts murs gris ont déjà abrité des pensionnaires féminins et même des enfants, dont le plus jeune n'avait que huit ans. Jimmy Rolland en avait dix de plus lorsqu'il y fut amené menottes aux poings, peu après sa condamnation. Aujourd'hui âgé de 25 ans, il compte les semaines qui le séparent de la liberté tant attendue.

Andy Cotter et Johanne Hébert ont tôt fait de rejoindre Bobby et le groupe au pénitencier. Leur présence est nécessaire car Andy est le lien qui unit le détenu, les autorités carcérales et Bobby. Johanne, elle, agit surtout à titre d'interprète et d'observatrice puisque l'issue de cette rencontre servira à paver le chemin pour d'autres rencontres du genre.

Si Bobby a souvent été «monté au poste» lors de ses nombreuses arrestations pour voies de fait sur des policiers, jamais il n'a mis les pieds dans un pénitencier fédéral avant aujourd'hui. Les portes d'entrée s'ouvrent sur un lobby assez vaste, au centre duquel trône un comptoir d'informations aux apparences de guérite. Un agent les dirige vers un autre comptoir où les visiteurs devront remplir divers formulaires.

— Simple formalité, annonce Andy au groupe avant d'ouvrir la marche vers un corridor situé sur la gauche.

Le décor est à l'image du rôle de l'institution. Ici, la fonction détermine la forme. Or, comme il s'agit d'un centre de détention à sécurité maximale, l'accent est d'abord mis sur la sécurité : le verre trempé jouxte les panneaux d'acier recouvrant des murs qui s'étirent interminablement en hauteur. Mais plus encore que la sévérité mal dissimulée du décor, c'est non pas ce qu'il voit mais plutôt ce qu'il ne *voit pas* qui frappe Bobby. Depuis son arrivée, il n'est passé par aucun détecteur de métal et n'a fait l'objet d'aucune fouille! Voilà qui facilite les choses.

Le groupe entre dans un local barré d'un grand comptoir où une préposée s'enquiert du motif de leur visite. Andy tend à Bobby quelques formulaires à remplir et à signer.

— D'abord qu'ils nous font pas signer ça pour nous garder en dedans, plaisante Bobby.

La blague détend l'atmosphère à un moment où plus d'un se sent légèrement anxieux. En fait, le cadre carcéral est intimidant en soit, certes, mais la question qui s'impose dans l'esprit des participants est de savoir comment va réagir Bobby. Marc Gervais ne doute pas du cheminement que le plus jeune des frères Savoie a pu faire depuis quelques mois, mais comment prédire la réaction qu'il aura lorsqu'il fera face au meurtrier? Balayant le doute, il choisit plutôt de mettre sa confiance en son ami, quoi qu'il advienne. Et puis, après tout, il est ici pour le supporter dans son cheminement.

Un gardien est enfin désigné pour accompagner le groupe jusqu'à la salle de conférence où la fameuse rencontre doit avoir lieu. La porte s'ouvre sur un espace aux dimensions modestes, où une dizaine de personnes peuvent prendre place confortablement autour d'une grande table ovale qui, avec les fauteuils qui l'entourent, constitue essentiellement le seul mobilier dans la pièce. Un seul mur est pourvu de fenêtres, mais le paysage se limite à une aile adjacente du pénitencier. Les murs blancs de la salle n'aident en rien à tromper l'attente.

Andy et Johanne doivent aller chercher Jimmy, tandis que Bobby et Marc échangent quelques propos légers en espérant que le dernier joueur se présentera bientôt. Malgré une certaine anticipation, Bobby se sent relativement calme. Il sait exactement ce qu'il doit faire. Machinalement, sa main droite plonge dans sa poche et, mine de rien, il confirme pour une centième fois la présence de l'objet qui scellera pour toujours cette rencontre.

Quand la porte s'ouvre, Bobby est surpris de constater qu'il y aura plus de monde qu'il n'aurait cru pour la rencontre. Andy et Johanne sont en effet flanqués d'une avocate, un psychologue du centre carcéral, un gardien et un membre de la direction de l'institution. Tous prennent place autour de la table quand la porte s'ouvre de nouveau. Cette fois, c'est une dame âgée s'exprimant en anglais qui entre d'un pas hésitant. Les présentations sont faites dans la langue de Shakespeare. Quelqu'un se penche vers Bobby :

— C'est la grand-mère de Jimmy. C'est la seule qui a accepté de se déplacer. Sa mère et sa famille craignent d'être en danger s'ils viennent.

La vieille dame est habillée proprement, mais modestement. Le regard de Bobby s'attarde plutôt sur les traits de son visage, qui trahissent une vie marquée à plusieurs reprises par de grandes peines. Bobby pense que cette rencontre doit lui être bien pénible puisqu'elle voit peut-être pour la première fois son petit-fils depuis le meurtre, et c'est à l'intérieur des murs froids d'une prison que ça se passe. Andy prend la parole.

— Nous sommes ici aujourd'hui parce qu'il existe un programme permettant aux victimes d'un acte criminel de participer à un processus de justice réparatrice. Ce programme permet à ladite victime de rencontrer un détenu ayant commis un crime s'apparentant à celui commis contre elle. Aujourd'hui, toutefois, le concours des différentes parties en présence a permis un rapprochement entre les personnes directement concernées par les événements du 24 août 1995.

Bla bla bla, se dit Bobby. *Pourquoi faut-il toujours s'encombrer de longues formalités en pareilles circonstances?* Heureusement, le préambule est bref et Andy repasse rapidement le déroulement de la rencontre avec les participants. Au terme de quoi, il se tourne résolument vers Bobby et lui dit :

— Es-tu prêt à rencontrer Jimmy?

— Oui! Certainement, oui!

Depuis le temps qu'il attend ce moment! Andy et Johanne se lèvent et quittent momentanément la pièce. Par la porte entrebâillée, on entend la voix basse de Andy interpeller quelqu'un.

— Jimmy, if you will, we are ready to see you.[10]

La dernière fois que Bobby a vu Jimmy Rolland, c'est au prononcé de la sentence, cinq ans plus tôt. Le temps passé derrière les barreaux a-t-il changé l'apparence ou l'attitude du jeune homme? La question ne reste pas longtemps dans l'esprit de Bobby puisque la porte s'ouvre enfin et presque tous les yeux se tournent vers le jeune homme qui entre.

Fidèle à l'image qu'il projetait au procès en 1997, Jimmy a conservé son air d'adolescent un peu blasé. Ses vêtements de prison camouflent assez aisément la musculature qu'il a acquise au gym du pénitencier. Il est visiblement nerveux. On le serait à moins; il se sent scruté de la tête aux pieds comme l'enfant puni qu'il est. Il se surprend à penser qu'il ressent la même sensation qu'il a vécue au prononcé de sa sentence, il y a une éternité maintenant.

---

[10] «Jimmy, si tu veux, nous sommes prêts à te voir.» (NDLE)

De tous les invités, Bobby est le seul à ne pas avoir jeté le moindre regard sur le meurtrier. Les yeux fixés sur quelques papiers placés devant lui sur la table, il ne sait trop que penser. Il sent Jimmy passer tout près de lui, le frôlant presque. La curiosité l'emporte et Bobby avise le jeune homme du coin de l'œil, mais il détourne rapidement son regard. Après avoir décrit un long demi-cercle autour de la table, Jimmy s'assoit finalement face à Bobby. Dès cet instant, ce dernier ne le quittera plus des yeux une seule minute. L'assassin a croisé ses mains entre ses jambes, la tête basse. Il lève brièvement les yeux mais croise le regard de Bobby, qu'il ne peut soutenir. Rapidement, il tourne la tête dans l'espoir de trouver quelque chose à regarder, comme pour se donner une contenance. Il cherche visiblement une place où cacher son embarras.

Bobby est étonnamment calme. Plus qu'il ne l'aurait lui-même cru, d'ailleurs. Il ne ressent aucune haine. Plutôt, une sorte d'énorme boule de feu qui fait éventuellement place à une grande paix intérieure. Il sait que ce qu'il doit faire est juste. Son regard est franc et intense, comme un laser qui verrait au travers des moindres pensées de Jimmy. Andy Cotter rompt le silence.

— Bobby, c'est toi qui as initié cette rencontre; je pense qu'il t'appartient donc de briser la glace...

— Merci, Andy.

Par cette simple phrase, Andy fait bien plus qu'ouvrir la discussion. Il vient d'ouvrir toutes grandes les écluses du cœur de Bobby, qui laisse alors déverser sur Jimmy un véritable torrent de sentiments encore refoulés. Ses propos sont traduits à Jimmy par Johanne Hébert.

— Tu sais, Jimmy, si je suis ici aujourd'hui, c'est premièrement pour toé, mais aussi pour moé. Venir te rencontrer pour te dire que je t'ai pardonné, c'est un dépassement personnel pour moé. Mais je suis aussi venu te dire une autre chose : si MOÉ j'ai pu te pardonner du geste que t'as fait, il faut que TOÉ aussi, tu te pardonnes, Jimmy. Toé aussi, t'as droit à une chance.

Toujours assis avec les mains jointes entre ses jambes, Jimmy Rolland écoute et ne dit rien. Sa respiration s'accélère et ses yeux deviennent humides. Bobby se sent comme un tireur d'élite qui tient sa cible en joue. Il ouvre la bouche et ouvre le feu.

— Sais-tu comment je me suis senti, le jour où t'as tué mon père? C'était lui, le noyau de la famille. C'était lui, la personne la plus importante. On se réunissait tous les dimanches à la maison. Tous les frères étaient là, osti, pis les belles-sœurs aussi, pis on s'amusait. On s'amusait, Jimmy! Mais depuis qu'il est mort, on les a plus, ces rencontres-là. Chacun vit de son côté. Et ce sera plus jamais pareil. L'an passé, j'ai perdu mon frère, osti. Mort à 43 ans à cause de la boisson. Sais-tu pourquoi il buvait, Jimmy? Il buvait parce qu'il était pas capable d'accepter la mort de mon père. Il prenait plus soin de lui, il pensait juste à ce que t'as fait à mon père. Il l'a jamais accepté, Jimmy. Jamais! Il est mort l'an passé parce qu'il avait trop d'émotions refoulées dans lui, osti! Pis ça, c'est ta faute à TOÉ, Jimmy. Le 24 août 1995, t'as pas seulement tué mon père; t'as tué mon frère aussi. C'est TA faute! T'as *fucké* ma famille au complet, osti!

Les paroles de Bobby sont dures, très dures. Pourtant, il mitraille sans montrer d'émotions, presque comme s'il s'agissait d'un bilan financier de fin d'année fiscale.

Calé dans son fauteuil, assis légèrement en retrait de la

grande table, Andy écoute le monologue sans aucun malaise. En fait, c'est *lui* qui a encouragé Bobby à se vider le cœur, non par cruauté envers Jimmy ou par plaisir, mais parce que le succès de la rencontre repose sur un dialogue ouvert et franc. Bobby ne doit rien retenir en lui.

— Tu sais, je l'ai jamais dit à personne mais quand j'ai su ce que vous aviez fait à mon père toé pis ton chum, je voulais te tuer, Jimmy. J'avais tout prévu. Je vous aurais fait souffrir comme vous avez fait souffrir mon père pis je me serais tué après, Jimmy. Je me serais tué parce que ma vie n'aurait plus eu de sens.

«Moé, Jimmy, je me suis enterré dans le travail parce que j'étais pas capable de *dealer* avec ça. J'ai été quatre ans à pas vivre. J'existais, mais je vivais pas... Au fond, c'est comme si j'étais mort en dedans. J'avais une vie, moé, avant. Ça aussi, tu me l'as enlevé, Jimmy. Tu me l'as enlevé pour cinquante-cinq piastres pis une batterie de char.»

Rolland écoute sans rien dire mais il pleure et laisse, lui aussi, libre cours à ses émotions refoulées. Silencieux jusqu'à présent, il sent maintenant que son tour est venu de parler, d'expliquer. Il sanglote, renifle et parle d'un ton de voix plutôt geignard. Traduit de l'anglais par Johanne, ses propos dévoilent tout de cette sombre nuit d'été qui a changé sa vie et celle des Savoie à jamais. S'il avait à l'époque l'esprit embrumé par la drogue et l'alcool, le fil des événements semble néanmoins lui revenir clairement à la mémoire : la beuverie, la recherche d'une batterie d'auto, l'agression de Robert Savoie.

À ce sujet, il est d'ailleurs plutôt intéressant de noter que puisqu'il n'y a pas eu de procès comme tel, les deux accusés n'ont pas eu à comparaître et n'ont donc jamais témoigné. Jimmy livre *sa* version des faits pour la première fois.

— Swear to God, we didn't want to kill him, *man!*[11] L'idée, c'était juste de prendre la batterie, piquer l'argent pis partir. Quand Frank a sauté dessus, les choses sont... comme... devenues hors de contrôle. On l'a battu jusqu'à ce qu'il bouge plus. On l'a tous fait, chacun de nous autres. Mais on pensait pas l'avoir tué, *man!* Je te jure... j'ai jamais voulu tuer ton père!

On peut imaginer la douleur que ressent Bobby à ce moment précis. Les détails de la mort de son père sont graphiques. Chacun dans la salle se fait une image mentale du drame. Le compte rendu qu'en fait Jimmy permet presque de sentir la tiédeur de la nuit, de goûter le sang qui perle sur le visage de Robert Savoie, d'entendre son dernier râle devenir un gargouillis inaudible. Bobby écoute Jimmy dans un silence ému. Dans la poche de sa veste, sa main serre fortement un objet métallique jusqu'à en avoir mal. *Bientôt,* pense-t-il. Lorsqu'il prend la parole à nouveau, sa voix est posée.

— Jimmy, je suis venu te voir parce que je veux pas qu'en sortant d'icitte, tu refasses à quelqu'un d'autre ce que tu m'as fait à moé pis à mon père. Tu comprends... ce serait pas correct que tu sortes d'icitte pis que tu te remettes dans la drogue pis l'alcool. Ta mère pis ta sœur ont pas pu venir icitte aujourd'hui, mais je suis sûr qu'elles non plus, elles veulent pas te voir retourner dans ton ancienne vie.

Bobby trouve sincèrement dommage que la famille immédiate de Jimmy se soit privée de vivre cette journée spéciale. Il peut sans peine imaginer la mère et la sœur de Jimmy se faire pointer du doigt par leurs voisins, dont il n'a

---

[11] «Je le jure devant Dieu, on ne voulait pas le tuer, *man!*» (NDLE)

aucune peine à imaginer la conversation : «C'est elle, la mère du jeune drogué qui a tué un bon père de famille pour cinquante-cinq piastres. Le reste de la famille doit pas valoir mieux!». La grand-mère de Jimmy est toujours émue, mais elle semble s'accrocher au mot «pardon» qu'elle a clairement entendu de la bouche même de Bobby au début de l'entretien. À son grand soulagement, ce dernier en remet.

— Tu sais, Jimmy, le plus bizarre là-dedans c'est qu'en même temps, c'est cet événement-là qui m'a permis de devenir une personne meilleure. J'ai appris ce que c'était le pardon quand j'ai fait ma croissance personnelle. J'avais beaucoup de choses à me pardonner moé-même pis j'ai appris à me pardonner. J'ai aussi appris que si j'ai droit au pardon, toé aussi tu y as droit, Jimmy. Ça veut pas dire que je trouve ça correct, ce que tu as fait. Je trouverai jamais ça correct. Mais j'ai décidé de plus vivre avec mon *pack sac* de haine, de douleur pis de peine. J'ai tout pris ça pis je te l'ai donné, Jimmy. Pis tu sais quoi? Ça m'a libéré, tu peux pas savoir comment! C'est comme tout un poids qui a débarqué de sur mes épaules. Asteure, c'est à ton tour. Pardonne-toé à toé-même, Jimmy. Si moé pis ma famille, on t'a pardonné, toé aussi tu peux.

Jimmy Rolland pleure toujours, sous le regard tendre de sa grand-mère. Ses pleurs sont les seuls à troubler le silence. Au bout d'un moment, il se ressaisit tant bien que mal et, toujours sans lever les yeux, se confie à Bobby.

— Je vous demande pardon, à toé pis ta famille. Je jure que j'ai pas voulu ça. Pendant que j'étais en prison, j'ai essayé moé aussi de faire un cheminement personnel, mais je suis pas capable de me pardonner. JAMAIS je pourrai me pardonner! La seule façon que je crois pouvoir le faire, ça serait de sauver la vie de quelqu'un. Là, je crois que je pourrais me pardonner. Je me dirais : «d'accord, t'as pris une vie, mais t'en as redonné une». C'est la seule façon que je pourrais me pardonner : sauver une vie.

Bobby mire l'opportunité et abat l'objection en plein vol.

— Si tu veux absolument sauver une vie, Jimmy, sauve la tienne! La personne que tu dois sauver, c'est toé! Comme ça, tu pourras donner plus d'amour à ta famille pour qu'elle te soutienne et que tu puisses toé aussi les appuyer. Mais pour ça, il va d'abord falloir que tu te pardonnes. Ce que t'as fait, c'est certain que c'était mal, mais fais le pardon pour toé. Donne-toé de l'amour pis tu vas apprendre à avoir une meilleure estime de toé.

Rolland ne sait que dire. Il veut bien croire dans cette histoire de pardon, mais peut-être que ça ne fonctionne que pour les autres? Bobby, lui, sent que le moment est venu. Il plonge la main dans sa poche et en retire l'objet de métal qu'il a récupéré plus tôt ce matin dans son bureau. À la surprise générale, il pose sur la table, devant Jimmy, une chaîne en or assortie d'un pendentif en forme de croix. En poussant le bijou vers le détenu, il sourit et lui dit :

— Jimmy, ça, c'est pour toé. La raison? C'est pour que tu te souviennes de la journée d'aujourd'hui pis de ce qu'on vient de vivre ensemble. Quand tu te sentiras triste, que tu auras mal ou que tu auras l'impression que t'es tout seul, fais juste toucher la croix pis ferme les yeux. Ça va te donner de la force.

Le bruit de la chaîne sur la table a attiré l'attention du jeune homme qui, pour une rare fois, lève les yeux. Il attend la traduction pour comprendre et paraît tout à fait abasourdi.

— Mais il y a une chose, Jimmy. Cette chaîne-là, je veux

pas que ça devienne une dépendance. Mettons que tu la perds pis que tu te sens mal parce que tu la trouves plus, c'est pas grave! Si tu la perds, c'est parce qu'il y avait une raison pour que tu la perdes. T'étais prêt. C'est pas ta vie, cette croix-là.

Jimmy Rolland est estomaqué. Il ne sait plus s'il doit pleurer ou rire, tandis que les mots se bousculent dans sa bouche. Il tend timidement la main en guise de remerciement, puis hésite, comme si sa conscience lui dictait autre chose. Sa grand-mère, qui a deviné ses pensées, l'encourage gentiment :

— Allez, vas-y... Vas-y!

Jimmy regarde autour de lui, cherche une approbation du regard. Habitué aux consignes de la prison, il ignore s'il lui est permis de se lever. C'est Andy qui viendra à son secours.

— Oui, vas-y, c'est correct. Tu peux te lever.

Bobby et Jimmy se font face. Le prisonnier a la main tendue. Fort de l'enseignement qu'il a reçu, Bobby transforme cette poignée de main... en accolade! Le colosse étreint le jeune meurtrier dans ses bras et Jimmy répond en faisant de même. Il ne peut retenir ses larmes lorsqu'il dit à l'oreille de Bobby cette phrase qu'il répète pour l'énième fois :

— Je m'excuse... je voulais pas tuer ton père! Je m'excuse!

Bobby sent alors monter en lui un sentiment étrange. Une folle pensée lui vient en tête.

— Eille... Ce gars-là, il a tué mon père! Osti, est-ce que

je suis normal? Je le serre dans mes bras pis il a tué mon père!

Étrangement, il ne ressent toujours aucune haine, aucune agressivité. Le moment de doute passe, éphémère, pour faire place à un autre sentiment beaucoup plus fort : Bobby est fier! Lui si simple, voilà qu'il vient de poser un geste extraordinaire, impossible il y a encore deux ou trois ans à peine! Il se sent investi d'une grande force intérieure, force qui ne le quittera plus, désormais. *Si j'ai réussi à prendre dans mes bras pis pardonner au meurtrier de mon père, je suis capable de faire n'importe quoi*, se dit-il en savourant sa victoire. Mais la rencontre n'est pas terminée. Bobby sait que Jimmy n'a pas eu la chance d'avoir un cheminement personnel un tant soit peu efficace. Après un moment, il lui dit :

— Écoute, si tu veux vraiment apprendre c'est quoi le pardon, j'ai emmené avec moé celui qui me l'a enseigné. Si tu veux, il va prendre quelques minutes pour t'enseigner comment tu peux te pardonner à toé-même. Fais-le pour toé, pas pour moé. Fais-toé un cadeau : écoute ce qu'il a à te dire.

Rolland accepte de rencontrer Marc Gervais. Observateur jusque-là durant toute la rencontre, l'ex-policier n'en a pas moins pris le temps de bien examiner le jeune truand, dont le langage corporel trahit bien plus de sa personnalité que ce que Jimmy voudrait qu'il n'en paraisse. Marc ne perd pas de temps à mettre la table.

— Jimmy, première des choses, lève les yeux quand on te parle! Arrête de regarder tes souliers! Le gars à qui tu viens de parler a attendu neuf mois pis il a roulé pendant deux heures pour venir te voir. Le moins que tu puisses faire est de le regarder dans les yeux.

Comme un gamin prit en défaut, Rolland se redresse et lève la tête. Un peu gêné, il n'en soutient pas moins le regard de Bobby, qui choisit alors de s'éloigner pour laisser les deux hommes parler. Faisant quelques pas, il réalise qu'il se sent bien. Mentalement drainé, mais bien. Alors qu'il se dirige vers Andy, Bobby sent une petite main fragile sur son bras. Il se retourne et voit la grand-mère de Jimmy qui lui sourit. Maîtrisant difficilement les émotions qui l'envahissent, elle lui dit :

— Je vois en vous un homme extraordinaire. Je vais prier pour vous et votre famille.

Bobby la remercie et sourit à son tour. Le regard de la vieille dame ne trompe pas et Bobby sent une grande chaleur s'installer en lui.

Après une dizaine de minutes, Marc Gervais conclut son entretien avec Jimmy. Le conférencier et ami de Bobby reprend sa place, tandis que Rolland, visiblement plus à l'aise qu'il ne l'était, retourne s'asseoir. La rencontre a duré près de quatre heures et il est temps d'y mettre fin. Andy se lève et demande à tous de se joindre à lui dans une prière.

Peu après, fidèle à la tradition du centre La Renaissance, Bobby invite les participants à former ce qu'il appelle un «cercle d'énergie»; les neuf personnes présentes, incluant le bagnard, se lèvent et s'installent en cercle tout en se tenant par la main. Sur un fond de musique instrumentale émanant d'un petit appareil installé dans un coin, Marc prononce alors quelques paroles apaisantes qui permettent à tous de faire le vide; l'énergie négative est alors remplacée par une énergie positive censée passer par le cercle ainsi formé. Bobby regarde autour de lui.

— Neuf personnes. Neuf. Un œuf, c'est la vie qui commence. On repart en neuf!

Le cercle se défait, des salutations et des accolades se donnent à la ronde et la rencontre se termine. Flanqué d'un agent, Jimmy reprend le chemin des cellules. Accompagné de Marc, Andy et Johanne, Bobby s'engouffre dans le corridor qui mène à la sortie. Il sourit en réalisant qu'il a gagné son pari; il a VRAIMENT pardonné au meurtrier de son père!

L'air froid de ce jour d'octobre fouette Bobby au moment où il pousse les grandes portes du pénitencier, mais il ne s'en plaint pas car l'effet est vivifiant et tonique. Il repère à courte distance la journaliste et le cameraman de Radio-Canada qui ont fait le pied de grue tout ce temps. Comme personne ne savait quelle serait la durée de la rencontre, la jeune femme et son collègue ne pouvaient risquer d'être absents au sortir de la prison. La caméra se met en marche et Bobby livre ses premiers commentaires. Comment se sent-il? Bien. Comment s'est déroulée la rencontre? Bien aussi. Après quatre heures aussi intensives, Bobby est peu loquace. Il confie même être un peu resté sur sa faim. Puisqu'il avait déjà accordé son pardon, cette rencontre devenait une formalité, dit-il. Mais au fond de lui, il sait qu'il profitera des prochains jours pour décanter tout ça.

S'il croit pouvoir s'offrir un peu de repos, Bobby se trompe. La nouvelle de sa visite au pénitencier se répand dans les médias de la région et le téléphone sonne régulièrement pour des demandes d'entrevue. Bobby est même invité à participer à une émission de ligne ouverte sur les ondes de la station CJRC à Gatineau, où il tente d'expliquer la raison de son pardon aux meurtriers de son père. Plus de quatre-vingt pour cent des auditeurs qui commentent l'entrevue ne partagent pas la vision de Bobby sur le pardon... «Moé, je te comprends pas. Les petits pourris qui ont tué ton père, je leur pardonnerai jamais!»; «Si une affaire de même m'arrivait, monsieur Savoie, moi, je les aurais tués tous les deux!»; «Vous disiez tantôt qu'au début vous leur en vouliez pis là, tout d'un coup, c'est ben correct ce qu'ils ont fait. Voyons donc! Pour moé, vous avez la mémoire courte!»...

À la radio, dans les journaux ou lors de ses conférences, Bobby devra expliquer et re-expliquer que son pardon n'est pas l'endossement d'un acte criminel, mais plutôt un geste éminemment égoïste qui lui permet de se libérer d'un fardeau. Il sent que plusieurs personnes ont de la difficulté à comprendre qu'il puisse souhaiter «de l'amour» à ceux qui ont tué son père en sautant à pieds joints sur sa tête.

— Si j'ai droit au pardon, eux autres aussi ont droit au pardon, répète-t-il inlassablement.

Ceux qui s'inscrivent aux sessions de La Renaissance disent souvent que si Bobby a été capable de surmonter une telle épreuve, ils sont alors capables eux aussi d'affronter leurs problèmes. Et puis, quelqu'un capable d'apporter un tel changement dans la vie d'un homme doit sûrement être une sorte de phénomène...

Le reportage de Radio-Canada n'a pas encore été diffusé que déjà d'autres émissions, dont *Évangélisation 2000*, s'intéressent à l'histoire de Bobby et on veut maintenant le rencontrer. En deux ans, Bobby est passé du statut de *bum* à une image ressemblant un peu à celle d'un miraculé. Il se sent bien, les affaires vont bien et la vie semble lui sourire.

CHAPITRE 9

Printemps 2002. Bobby continue de s'investir dans La Renaissance. Les ateliers et conférences qu'il anime maintenant de façon régulière l'amènent à constamment repousser ses propres limites; un défi qui l'amuse et qui lui permet de grandir à la fois. C'est justement en tentant de se dépasser qu'il sent un jour son passé le rattraper et provoquer sa première chute vertigineuse. Une chute au sens propre du terme!

Avec des amis, Bobby organise une excursion à l'aéroport de Gatineau, où le groupe doit tenter un saut en parachute. Certains ont déjà tenté l'expérience, mais Bobby en est à sa première fois. Après avoir suivi le cours théorique de quatre heures, les aventuriers prennent place à bord de l'avion, qui grimpe à trois mille cinq cents pieds d'altitude. Bien qu'inexpérimenté, Bobby sera le premier à sauter. Il ne se sent pas plus courageux qu'il le faut face au vide, mais il veut ainsi donner l'exemple à ceux qui ont la trouille.

Bobby prend place sur la petite plate-forme extérieure située juste sous la porte et attrape la barre transversale qui supporte l'aile de l'avion. Il doit ensuite laisser ses pieds flotter dans le vide et attendre le signal de l'instructeur pour sauter. Dès que les pieds de Bobby quittent leur support, quelque chose craque... son épaule gauche, disloquée il y a quelques années lors d'une bagarre dans un bar, a été réparée à l'aide de vis et de broches d'acier. Sous le poids de son corps, accentué par la force du vent, l'épaule se défait et Bobby lâche prise... et cette fois, ce n'est pas une façon de parler! Son corps se met à tournoyer dans le vent et il tombe comme une pierre, la vitesse de sa chute s'accroissant dramatiquement à chaque seconde. Dans son casque, les écouteurs grésillent; c'est l'instructeur au sol qui crie :

— Bobby! Bobby! Attrape tes cordes! Corrige-toi! Vire à droite!

Bobby, qui n'a pas de micro, ne peut lui répondre. Pris de panique, il est incapable de se servir de son bras inerte qui flotte au-dessus de sa tête comme un ruban malmené par le vent. La corde de gauche est hors d'atteinte. S'il tire la corde de droite, il accentue encore plus la spirale dont il tente de se sortir. Ses pensées filent à la vitesse du sol qui approche. Soudain, il entend un message qui semble surgir de son subconscient : «Maîtrise tes émotions. Tu dois maîtriser tes émotions.» Il se calme donc et fait le point. Sa seule chance de survie tient dans sa capacité à remettre son épaule en place. Il pense y arriver en poussant son coude gauche avec sa main droite vers le haut.

— Vire à gauche! À gauche! L'AUTRE gauche!

Bobby n'écoute plus, entièrement absorbé par le geste qu'il est sur le point de poser. Dès qu'il porte la main à son coude, une image lui revient clairement à l'esprit : celle du chirurgien qui lui a opéré l'épaule et qui lui a déclaré : «Si jamais l'épaule se défait, tu n'arriveras pas à la remettre en place. Reviens à l'hôpital.» Bobby balaie cette pensée. Il sait que s'il ne replace pas son épaule, c'est à la petite cuillère qu'il ira à l'hôpital! Il fait un effort surhumain et entend le bruit de ses os qui se replacent. Victoire! Il a réussi à emboîter le membre à sa place. Il peut enfin tirer la corde et le parachute se stabilise. Puis, se remémorant les instructions de vol précises qu'il a reçues avant le décollage, il repère la cible et s'y dirige tant bien que mal.

Chaque fois qu'il tire avec son bras gauche, l'épaule se défait et se remboîte dans un bruit rappelant celui de deux bûches qui s'entrechoquent. Quand il se pose enfin au sol, un ami se rue sur lui pour lui porter secours. Mais l'atterrissage est réussi et Bobby va bien. Ce jour-là, il a compris que même dans une situation de vie ou de mort, il peut maîtriser ses émotions et réussir à accomplir des choses qu'il n'aurait jamais cru possibles!

Cet incident lui revient encore en mémoire lorsqu'il traverse une période difficile et il y puise le courage qu'il faut pour prendre les bonnes décisions. Sa vision de la vie a beaucoup changé aussi.

— Réussir sa vie pis réussir dans la vie, c'est pas la même affaire, dit-il lors de ses présentations.

Ainsi, il axe sa vie davantage sur la qualité que sur la quantité, qu'il s'agisse du temps qu'il passe avec sa fille et sa conjointe que des objets qui l'entourent. Sa mère n'est pas le moins du monde surprise de son succès :

— Il était *plucké*, dit-elle pour décrire l'aptitude que démontre son fils pour foncer et mordre dans la vie.

D'ailleurs, le travail qu'il effectue sur lui-même devient particulièrement évident en ce qui a trait au changement dans la perception qu'il a du travail des policiers :

— Les policiers, il y en a des bons pis d'autres qui sont souffrants.

Plus de «chiens sales» ou de «cochons», comme Bobby aimait dire pour les provoquer au cours de ses années rebelles. Nombreux sont les policiers qui s'inscrivent aux sessions de l'organisme que Bobby dirige à Gatineau. Ironiquement, l'un d'eux est nul autre que Serge Surprenant, celui-là même qui a été le premier à retirer le permis de conduire de Bobby! Une solide amitié s'est développée entre eux et Serge confesse qu'il aime bien taquiner Bobby lors des sessions. Assis au fond de la salle avec un ami policier, il gesticule et fait des grimaces visant à décontenancer le conférencier pendant que ce dernier s'adresse à son public! Tout ça à l'insu des participants, évidemment...

Convaincu du bien-fondé des conférences de La Renaissance, Serge et ses collègues réfèrent régulièrement des personnes en crise aux bons soins de l'organisme.

Une autre preuve que l'on pourrait qualifier de «tangible» du succès des enseignements de La Renaissance viendra d'une source inattendue. Encore une fois, c'est Pierre qui apprendra la nouvelle à son frère Bobby.

— J'ai eu des nouvelles de Kingston au sujet du gars que tu as été rencontré en prison. Le monsieur de la prison m'a dit que la caresse que t'as faite à Jimmy, là... ben, ça a l'air que ça a changé sa vie! Il sent plus la pression qu'il sentait avant pis qui l'écrasait! Il n'a plus les migraines qu'il avait. Pis plus que ça... imagine-toi donc que ça a l'air que Jimmy a même apporté son aide une couple de fois à d'autres détenus qui avaient des problèmes ou qui faisaient de l'angoisse!

— Wow! Je suis fier pour lui! S'il veut vraiment, il va s'en sortir.

Puis, après un moment de réflexion :

— C'est quand même incroyable ce que ça peut faire le pardon pis une caresse! Imagine si ce p'tit gars-là avait eu la chance de connaître le pardon quand il était jeune... Pis les caresses, il en a peut-être jamais eues de son père ou de sa mère! S'il en avait eues, sa vie aurait probablement été complètement différente. Il aurait peut-être jamais tué papa!

Effectivement, Jimmy Rolland complète sa sentence derrière les barreaux sans aucun incident. En prison, il a appris le métier de briqueteur et dès sa sortie, au début de 2003, il obtient un stage rémunéré d'apprenti dans une entreprise de construction. Sa liberté représente tout un défi pour lui : habitué à se faire dicter quand et comment manger, boire ou dormir, il se retrouve maintenant libre de gérer ses choses comme il l'entend. Sa seule véritable contrainte est de se rapporter aux policiers à tous les soirs, comme l'exige le processus d'encadrement de sa libération conditionnelle.

Or, le poids du travail, des responsabilités qu'il n'a jamais appris à prendre et la pression sociale de son ancien milieu de vie le rattrapent. En juillet de la même année, il fait faux bond à son agent de probation. Les policiers l'appréhendent six mois plus tard dans les locaux de l'Armée du Salut d'Ottawa, après avoir été reconnu par un employé. Rolland bénéficiait alors d'une libération conditionnelle, ayant purgé la moitié de sa peine derrière les barreaux. Il doit maintenant retourner en prison pour purger la balance des années restant à sa condamnation.

Pour Bobby, Jimmy avait encore trop de démons à l'intérieur de lui au moment de son évasion de garde légale. Il dit n'avoir aucune difficulté à comprendre ce que ressent le jeune homme dont il ne pense pas plus de mal.

— Comme Jimmy doit souffrir en dedans de lui pour avoir posé ce geste-là! C'est pas un mauvais gars, au fond. Quand il a repris sa liberté, il est même venu se recueillir sur la tombe de mon père! Il était pas obligé de faire ça...

Interrogé par un journaliste, l'enquêteur Mark Pigeon indique sans hésiter qu'il ne voit pas les choses du même œil.

— Je peux pleinement apprécier à sa juste valeur ce que monsieur Savoie a fait pour l'assassin de son père et je comprends qu'il souhaite que Jimmy Rolland revienne sur le droit chemin. Mais ça n'arrivera tout simplement pas. Vous savez, un esprit criminalisé ne pense pas comme vous et moi. Devant une situation donnée, vous allez réfléchir d'une telle façon et le *criminal mind*, lui, réfléchira d'une toute autre manière. C'est au cours des années les plus influençables de leur jeunesse que Verner et Rolland ont été au plus haut point de leur apprentissage criminel. Ils ont appris à vivre, respirer et penser en délinquants, comme d'autres apprennent à lire ou à écrire. Ces gars-là auront d'autres démêlés avec la justice, probablement encore pour une histoire de meurtre sur un citoyen innocent.

«D'ailleurs, une future victime pourrait possiblement être Mathieu David. Après tout, le jeune homme continue de vivre dans un milieu criminalisé. Or, c'est lui qui a «vendu» ses deux amis aux policiers, en prenant soin de se disculper pour rester libre. Quand il a témoigné contre ses complices, Mathieu se plaçait en flagrante contradiction du code de vie auquel il adhère et qui ne pardonne pas ce genre de trahison. On peut présumer qu'une fois leur temps d'incarcération écoulé, il serait vraisemblable que l'un ou l'autre des deux complices puisse chercher à lui régler son compte. Ce sont des individus violents qui ont déjà tué auparavant; ils peuvent très bien le faire encore.»

Le «cas David» reste d'ailleurs un irritant pour les forces de l'ordre. Les preuves criminalistiques démontrent que le jeune homme a menti aux policiers quant à sa participation réelle aux événements du 24 août 1995. Si tel est le cas, pourquoi donc n'a-t-il pas été accusé lui aussi dans cette affaire? Tout simplement parce que la justice sait qu'il ment mais ne peut pas le prouver. Le rapport qu'a reçu Mark Pigeon la veille du procès est formel : à l'aide d'une substance appelée *Luminol*, les spécialistes ont pu relever des microgouttelettes de sang sur les espadrilles de Mathieu. À partir d'études scientifiques très poussées, on a pu déterminer que les gouttes de sang s'étendent différemment sur une surface, selon la vitesse de l'impact. Ainsi, une bonne coupure au doigt produit une grosse goutte de sang qui s'écrase au sol en formant un cercle plus ou moins parfait. Un impact fort au visage ou ailleurs crée une série de gouttelettes de sang plus petites, comme celles qu'on trouve habituellement sur les vêtements de la victime. Mais dans le cas d'un coup de feu ou d'un coup extrêmement violent, l'impact produit une bruine de sang. Ces minuscules gouttes voyagent très rapidement dans l'air, mais ne peuvent par contre pas aller très loin, soit deux mètres tout au plus. Selon l'expertise, il appert que les espadrilles de David portaient des indications à l'effet qu'au moment du meurtre, il se trouvait à plus ou moins un mètre de la victime! Non seulement était-il aux premières loges, mais il pourrait fort bien avoir pris part lui aussi au massacre de Robert Savoie puisque la preuve le place littéralement à la verticale du corps.

En prenant connaissance des résultats d'analyse, le policier Pigeon a compris qu'il avait été complètement berné par David. Lors de la reconstitution de la scène du crime à laquelle le jeune homme assiste, Mark Pigeon lui en fait d'ailleurs la remarque :

— Matt, ces analyses que je t'ai montrées PROUVENT que tu n'étais pas là où tu nous a déclaré avoir été pendant le meurtre. Tu ne faisais pas le guet de l'autre côté de la rue.

— Ben...

— Matt, tu ne dis pas la vérité!

— ... yeah, you're right, Mark.[12]

Malheureusement pour les policiers, Mathieu n'ira pas jusqu'à reconnaître sa participation active au meurtre. Jimmy Rolland et Frank Verner, eux, savent bien sûr quelle a été l'implication véritable de David dans l'assassinat. Mais en acceptant de plaider coupable à une accusation réduite d'homicide involontaire, ils n'ont pas eu à témoigner. Ainsi, personne n'a jamais officiellement contredit la version de David. Or, à défaut d'éléments nouveaux démontrant le contraire, la justice canadienne ne peut retenir que ce qui a été démontré en cour, à l'effet que David n'a eu qu'un rôle accessoire dans le meurtre du père de famille. Seul un témoignage accablant d'un des complices pourrait changer l'issue de l'affaire. Est-ce encore possible?

---

[12] «... ouin, tu as raison, Mark.» (NDLE)

— Une enquête sur une affaire de meurtre n'est jamais fermée, dit le détective. Des chapitres s'écrivent et se ferment mais le livre, lui, reste toujours ouvert.

*****

— Mon rêve, c'est de venir en aide aux adolescents AVANT qu'ils se mettent dans le trouble. Si on peut sauver ces jeunes-là pis les libérer de leur passé, ils seront pas portés à ventiler leur haine pis leurs frustrations sur des victimes innocentes! Quelqu'un qui est plein d'amour n'a pas envie de commettre un crime. Il faut être plein de haine, se détester pis pas aimer la vie pour faire des choses comme ça!

Novembre 2002. Les quatre personnes qui prennent place autour de la table chez Bobby approuvent ses paroles d'un signe de tête. Fort de son expérience au centre de croissance personnelle gatinois, Bobby se sent prêt à déplacer des montagnes pour aider son prochain. En 2002 et 2003, avec l'aide de quelques amis, il crée la Fondation Robert-Savoie en mémoire du défunt. L'organisme vient en aide aux jeunes de 10 à 17 ans en situation de vie difficile afin de prévenir leur éventuelle descente vers une vie de crime. Les jeunes référés par des services sociaux, des écoles ou même des corps policiers sont invités à assister gratuitement à un «week-end d'ados». Ensuite, les fonds de l'organisme sont utilisés pour «niveler» de façon temporaire la situation sociale de l'enfant en lui procurant des vêtements ou des articles scolaires. Cette démarche vise à mettre l'adolescent à l'abri du regard moqueur de ses pairs et à lui permettre de mieux fonctionner. Bobby l'explique ainsi au conseil d'administration de l'œuvre :

— Je me souviens d'avoir moé-même jugé d'autres personnes quand j'étais jeune à cause de la façon dont ils étaient habillés. Des jeunes, ça peut être ben méchants des fois, sans réaliser que ce qu'ils disent, ça laisse des blessures. Si on donne aux victimes une meilleure estime de soi et une meilleure confiance, ils se laisseront plus être ridiculisés. On travaille en même temps le corps et l'esprit!

Les fins de semaine pour ados sont aussi sa création. Au cours des week-ends pour adultes, il arrive fréquemment que des parents qui ont fait leur séminaire invitent leur adolescent à faire de même. Bobby se découvre un canal de communication particulièrement efficace auprès de cette clientèle puisqu'il a connu lui aussi sa part de drames et d'expériences de toutes sortes pendant son adolescence. En fait, lorsqu'il s'agit de trouer la carapace des ados les plus rébarbatifs, plusieurs n'hésitent pas à parler d'un don pour qualifier cette étrange habileté dont Bobby fait preuve. D'ailleurs, il n'est que peu d'adolescents que le colosse n'a su apprivoiser, quel que soit leur vécu. Plusieurs ados revêches et solitaires ont succombé aux méthodes de ce géant gentil. Lui qui faisait autrefois montre d'une violence sans limite, le voilà qui fait maintenant preuve d'un amour sans limite!

S'il a un côté un peu nounours et jovial, Bobby n'aborde pas moins chaque session avec beaucoup de sérieux et ne laisse rien au hasard. Comme Marc Gervais et lui le font pour les adultes, il y a un temps pour un peu d'humour et l'établissement d'un précieux lien de confiance entre lui et sa clientèle, mais il y a aussi un temps pour traiter de sujets lourds, tabous ou même pour «brasser la cage». Problèmes familiaux, alcool, drogue, agression sexuelle, tout y passe. Chaque thème est abordé sans pudeur ni détour et il peut appuyer chaque enseignement par un exemple tiré de sa propre vie!

Bobby aime particulièrement déjouer les masques et autres

faux-fuyants qu'il recense dans le groupe. Il escalade avec la plus grande aisance ces barricades et ces façades que les jeunes ont bâties pour se protéger du monde extérieur. Tout en faisant preuve de respect, il démolit allègrement leurs idées reçues, pour mieux rebâtir avec eux leur véritable identité.

Au fil des mois et des années, Bobby peaufine son style, gagne en aisance et accroît ses connaissances en matière de croissance personnelle. Au terme d'efforts constants, son vocabulaire et sa façon de parler s'améliorent grandement aussi. Il sait qu'il doit capter et surtout conserver l'attention de ceux à qui il s'adresse, particulièrement lorsqu'il s'agit d'adolescents.

— Il y en a beaucoup qui sont nonchalants. Ces jeunes-là, ils ont tout vu et souvent, ils sont blasés. Moi, il faut que je rivalise avec leur Nintendo ou les vidéos qu'ils voient chaque jour. C'est pas toujours évident... Mais au fond, ils ont besoin que quelqu'un soit là pour s'intéresser à eux autres pis leur dire : «Eille, t'es quelqu'un pis je t'aime». Il y en a plusieurs qui n'ont jamais entendu ça chez eux, les mots «Je t'aime». Moi, je suis là pour leur dire de laisser tomber leur barrière, de se laisser aimer... pis de s'aimer eux-mêmes, aussi! C'est la base, hein? C'est tellement important!

Difficile à vendre à des ados, une telle salade? Faut voir... il est fréquent de voir tel ou tel jeune maladivement timide, d'apparence indifférente ou même *tough* se libérer d'un poids énorme et venir faire un câlin à l'animateur à la fin d'une session. Rares sont ceux qui quittent leur siège avant la fin pour ne plus revenir.

— Ceux-là, dit Bobby, on finit souvent par les revoir un autre moment donné. Ça dépend toujours d'où t'es rendu dans ta vie. Es-tu prêt à t'aider et te faire aider? Il y en a qui sont pas rendus là quand ils viennent la première fois. C'est pas grave; ils retiennent toujours quelque chose quand même. Le message fait son chemin pis un jour, ils reviennent nous voir. On est toujours heureux de les accueillir.

Un jour, Bobby reçoit un coup de fil. C'est une jeune professeure d'école qui a fait la session d'adulte et qui lui fait une intéressante proposition.

— Bobby, j'aimerais que tu viennes parler aux élèves à mon école! Je suis enseignante et je suis certaine que tu serais ben bon pour leur parler! Il y en a là-dedans qui vivent toutes sortes de choses et ça leur ferait sûrement du bien de t'entendre.

Bobby accepte avec plaisir de se rendre à l'École des adultes d'Aylmer. L'édifice de briques brunes est semblable à tous les édifices du genre que le ministère de l'Éducation a fait construire là où l'explosion démographique des années 70 et 80 le commandait. La clientèle ne diffère pas tellement non plus de celle qu'on retrouve ailleurs, avec le lot habituel de génies, d'élèves moyens et de futurs décrocheurs. La direction de l'établissement voudrait notamment décourager les phénomènes de gang, de taxage et d'intimidation.

Ce que Bobby ignore, c'est que l'école a déjà invité un conférencier quelques mois plus tôt, mais le ton et le message ne semblaient pas avoir très bien passé auprès des élèves. C'est donc sans grand enthousiasme que les étudiants se sont massés à l'auditorium pour écouter la conférence d'un autre invité du genre «psycho-moralisateur».

D'entrée de jeu, Bobby sent que la glace ne sera pas facile à briser. Mais grâce à son charisme et à quelques astuces, il réussit à dégeler l'atmosphère de la salle et finit même dans un tonnerre d'applaudissements. Après la conférence, la direction de l'école, le psychologue de service et plusieurs professeurs viennent discuter avec Bobby. L'opération a été un succès et même les adultes ont été profondément touchés par ses propos!

Encouragé par ces commentaires élogieux, Bobby répète l'expérience dans d'autres écoles de Gatineau et même à Ottawa. Chaque fois, il remporte le même succès. Bien qu'il soit parfois difficile de se partager entre la gestion de La Renaissance, celle de ses autres entreprises et la préparation de ses conférences, il espère en arriver un jour à faire le tour des écoles du Québec.

— Pis pourquoi pas ailleurs au Canada? ajoute-t-il en souriant.

*****

Après avoir prononcé des centaines de conférences et avoir lui-même investi des milliers d'heures dans l'étude de la croissance personnelle et de certains aspects de la psychologie, Bobby ne croit pas qu'il ait fini d'apprendre et cherche encore à s'améliorer.

— Est-ce que j'ai encore des choses à savoir? Mets-en! J'ai pas fini d'évoluer, je fais juste commencer. Je suis un être humain en pleine évolution.

Une évolution qui, à tout le moins, fait mentir Mark Pigeon sur un point : un criminel PEUT s'amender et changer positivement sa vie. À preuve : Bobby est passé de sa condition de bagarreur drogué et alcoolique ayant douze accusations de voies de fait sur des policiers contre lui, à celui d'homme patient, tolérant, plein d'amour et copropriétaire d'un centre de croissance personnelle de surcroît!

— Si MOI j'ai pu changer pis devenir une meilleure personne malgré mon passé, alors n'importe qui peut changer aussi. C'est souvent ce que les participants à nos conférences viennent me dire! Ils m'écoutent et ils n'en reviennent pas de voir ce que j'ai traversé et où j'en suis rendu aujourd'hui... Ils me disent : «Bobby, ton témoignage m'a fait du bien. Ça me montre que moi aussi, je peux prendre ma vie en main pis la changer pour le mieux.»

CHAPITRE 9
LE CADEAU DÉGUISÉ

Un participant à une session de La Renaissance demande un jour à Bobby comment ce dernier peut dire qu'il a eu une belle vie compte tenu des épreuves qu'il a vécues, dont notamment le meurtre de son père. Sa réponse en surprend plusieurs :

— Moi, le meurtre de mon père, aujourd'hui je dis que c'était un cadeau déguisé. Sur le coup, comme ça, c'est sûr que ça n'avait pas l'air d'un cadeau. Mais après ça, plus tard, c'est là que j'ai compris. Dans la vie, moi je dis qu'il n'y a pas de hasard. Rien n'arrive pour rien. S'il est arrivé ce qui est arrivé à mon père, c'est parce que j'avais quelque chose à apprendre pis que j'avais pas compris encore de la vie. Pis pourquoi je dis que c'est un cadeau? C'est ben simple : si mon père était pas mort, j'aurais pas vécu ma croissance personnelle et je serais pas l'homme que je suis aujourd'hui. C'est incroyable ce que je vis aujourd'hui! Je fais des conférences, j'ai de l'amour, ma vie va bien, j'aide les gens... C'est certain que si mon père n'avait pas été tué, je ne serais pas rendu au même point. Je serais peut-être retourné dans la drogue, l'alcool... Peut-être aussi que je serais heureux, mais pas de la même manière. C'est sûr que ça m'a fait de la peine quand mon père est mort. Mais en même temps, c'est un cadeau que la vie m'a fait pour me permettre de grandir et devenir quelqu'un de meilleur.

Apprendre à pardonner aux meurtriers de son père était déjà un tour de force digne de mention en soit, mais considérer la tragédie comme une bénédiction requiert une très grande ouverture d'esprit et une fabuleuse force de caractère. Pourtant, sans en amoindrir le mérite, Bobby estime que chaque personne peux trouver en elle les éléments nécessaires à un pareil revirement.

— Je ne suis pas mieux qu'un autre. Je suis juste un gars ben ordinaire qui a essayé de comprendre pourquoi il vivait toutes sortes de choses dans sa vie. Si moi, avec tous mes défauts et mon passé violent, j'ai été capable de le faire, tout le monde peut le faire.

Évidemment, les changements qui ont pris place dans sa vie sont survenus en l'espace de quelques années. On met parfois beaucoup de temps à développer une mauvaise habitude, une façon de penser ou de réagir face aux épreuves quotidiennes; il ne faut donc pas s'attendre à devenir une nouvelle personne du jour au lendemain.

Mais au fait, par où commencer? Plusieurs approches sont possibles, mais Bobby pense que tout commence par un bon ménage dans la tête et le cœur. Voici ce qu'il suggère.

SAVOIR LÂCHER PRISE

Fondamentalement, l'un des pires ennemis de celui ou celle qui veut reprendre le contrôle de sa vie est l'incapacité de démordre de l'idée qu'un tort a été fait, qu'un dû reste impayé et que le salut passe par la vengeance. À l'image de l'anxieux à qui on dira de desserrer les dents, vous devez apprendre à lâcher prise, à laisser aller les dettes humaines contractées envers vous. Voilà qui nous ramène au fondement des Alcooliques Anonymes : la sérénité d'accepter les choses qu'on ne peut changer, la force de changer celles qu'on peut et la sagesse d'en connaître la différence.

Vous pouvez en effet prétendre avoir le contrôle de votre vie mais si vous gardez de la haine envers votre abuseur, que vous ressentez de la honte envers vous-même ou de la frustration envers la vie, tôt ou tard, ce sont ces émotions qui vous contrôleront. Lentement, de façon insidieuse, chacun de vos jugements, chacune de vos joies et de vos peines sera teinté de ces émotions et FAUSSERA votre perception de la réalité.

Lâcher prise n'est rien de plus que refuser de rester plus longtemps esclave des autres. Votre abuseur vous a déjà fait du mal; pourquoi donc le laisser vous torturer davantage? Reconnaissez que la haine, la frustration et la peine que vous ressentez ne CHANGENT RIEN à votre situation. Le tort a été fait. Ainsi, si vous vous percevez comme une victime, vous le deviendrez à force de penser et d'agir de la sorte. Vous pouvez choisir de continuer à vous détruire en vous disant que ce que vous avez vécu ou ce que vous ressentez face à la vie est injuste, que vous détestez votre abuseur et que de vivre avec ce fardeau vous est insupportable. Ou alors, vous pouvez opter pour une manière différente de voir les choses et ainsi favoriser la guérison de vos blessures.

En lâchant prise, vous renoncez à l'autotorture et vous comprenez que ce que vous avez vécu, subi ou perçu à ce moment appartient maintenant au passé. Jusqu'à ce qu'on invente la machine à voyager dans le temps, il n'y a rien que vous puissiez faire pour revenir en arrière. Acceptez-le. Comprenez aussi que de chercher à vous faire justice n'apportera pas la satisfaction que vous en attendez et provoquera souvent l'effet contraire. Cessez de laisser votre vie être dominée par ces émotions négatives; fermez plutôt les livres dès que possible et passez à autre chose.

Une particularité des gens malheureux, c'est d'être perpétuellement *victimes* de ce qui leur arrive. Bien qu'on ne contrôle pas la durée de notre vie ou celle de nos proches, nous avons par contre le plein contrôle sur la plupart des événements qui nous entourent. La vie nous propose constamment des choix. Chacun de ces choix représente une opportunité qu'on est libre de prendre ou non. Ainsi, vous n'avez peut-être pas le contrôle de la pluie qui tombe à l'extérieur, mais vous avez le choix de chialer contre elle ou de l'accepter. En maudissant la pluie, vous devenez désagréable pour vous et les autres, en plus de vous concentrer uniquement sur les choses que vous auriez pu faire mais dont vous êtes privé à cause de la pluie. Par contre, en l'acceptant comme un fait face auquel vous ne pouvez rien, vous ne perdez pas de temps à maugréer. Au contraire, vous tournez la situation à votre avantage en profitant de l'occasion pour vous consacrer à une activité qui vous plaît : aller voir un film, mettre de l'ordre dans votre album photo de famille, rattraper la lecture que vous remettiez à plus tard ou même magasiner! L'important est que vous avez accepté le fait qu'il pleuve comme étant une situation contre laquelle vous ne pouvez rien et vous avez décidé simplement de passer à autre chose.

L'exemple peut paraître simpliste mais si vous l'appliquez à plus grande échelle, les résultats seront sensiblement les mêmes. Mesurez l'étendue des dommages, faites votre deuil et passez à autre chose. Vous constaterez assez rapidement que plusieurs «drames» ne seront plus pour vous que de simples contrariétés. Votre humeur s'en ressentira favorablement et votre entourage remarquera votre nouvelle stabilité émotive.

Personne ne peut vous promettre que vous ne vivrez jamais de moments difficiles dans votre vie. Mais vous pouvez être certain que la façon dont vous réagirez à ces situations fera en sorte que vous passerez au travers ou que vous vous laisserez engloutir par elles.

En résumé, le premier pas vers votre nouvelle philosophie de vie est d'accepter le fait que vous soyez impuissant face à certaines situations passées ou présentes. Par contre, la vie vous donne des choix; c'est cet aspect de votre vie que vous contrôlez. Mettez-le à profit.

SAVOIR PARDONNER

«Pardonnez-nous nos offenses, comme nous pardonnons aussi à ceux qui nous ont offensés» dit la prière. Nous attendons la miséricorde des autres face à nos faiblesses et nous savons tous qu'il faut aussi savoir fermer les yeux sur les impairs qu'on nous faits. Mais savez-vous qu'il faut aussi pouvoir VOUS pardonner vos propres erreurs? Et d'ailleurs, qu'est-ce que le pardon, au juste? Dire à quelqu'un avec un grand sourire : «Eille, tu as tué mon père mais c'est pas grave, tu aurais pu faire pire!»?

Si vous répondez non, vous avez bien raison. En fait, le

pardon est probablement l'une des notions les plus mal comprises de notre époque. Comme on l'a vu dans le cas des meurtriers de mon père, le pardon que je leur ai accordé n'était pas une absolution. Jamais le geste qu'ils ont posé ne sera «correct». Mais il y a lieu de nuancer.

Quand on accorde son pardon, on le fait d'abord pour soi. Si la plupart d'entre nous comprenons du mot «pardon» qu'il veut dire qu'on renonce à punir la personne fautive pour le geste offensant, la réalité est que «pardonner à quelqu'un», selon la définition même du dictionnaire Larousse, signifie : «cesser d'entretenir à son égard de la rancune ou de l'hostilité pour ses fautes». Ainsi, lâcher prise et pardonner vont main dans la main puisque si on a renoncé à se morfondre d'une situation et qu'on accepte de passer à autre chose, on ne peut le faire autrement qu'en cessant d'entretenir de la rancune et de l'hostilité envers la personne qui a offensé.

Mais qui a droit au pardon? D'abord, soi-même. C'est fou comme peu de gens savent se pardonner leurs erreurs de jeunesse, leurs faux pas quotidiens ou leurs maladresses! Et peu de gens vous jugent plus durement... que vous le faites vous-même. D'ailleurs, il ne faut pas confondre «excuses» et «pardon». Une personne qui ne peut accepter d'avoir tort cherche habituellement des excuses pour justifier ses agissements. Elle ne peut souffrir d'être prise en défaut par peur d'être humiliée publiquement. Voilà une blessure que leur amour-propre (ou amour de soi) ne peut souffrir d'avoir, souvent parce que cette personne a été humiliée dans sa jeunesse et a appris à ne pas se pardonner ses fautes et se montrer indulgente envers ses erreurs.

Plusieurs d'entre nous avons grandi dans un environnement familial où les gaffes et les échecs, scolaires ou autres, étaient ouvertement condamnés. Avec la «faute» est donc automatiquement venue la notion de «mauvaise intention» et, immanquablement, celle de la punition. Faire une erreur de jugement, une faute ou une bourde devient donc synonyme d'infériorité dans notre subconscient, qui ne manque pas de nous mortifier généreusement chaque fois que l'incident se produit. Pire encore : le subconscient comptabilise comme une nouvelle faute chaque fois que le souvenir d'un mauvais geste ou d'une mauvaise parole revient nous hanter. C'est comme si la police vous remettait une nouvelle contravention à chaque fois que vous vous rappelez la seule fois où vous vous êtes fait arrêter pour une infraction au code de la route! Il devient donc primordial, voire urgent, d'apprendre à se pardonner. Pour y arriver, il convient de se livrer à la réflexion suivante :

- Pouvais-je VRAIMENT agir autrement à l'époque?
- La faute est-elle aussi grave que je le pense?
- Suis-je le seul à encore y penser? La personne offensée a-t-elle passé à autre chose?
- Repenser sans cesse à cet événement va-t-il y changer quoi que ce soit?

Vous serez surpris de voir combien de fois la réponse sera «non». Récemment, un ami en visite m'a raconté qu'il m'avait joué un mauvais tour il y a quelques années; sa conscience le «travaillait» et il a senti le besoin de s'excuser du geste posé. L'ironie, c'est que je ne me souvenais pas du tout de ce qu'il disait avoir fait! Peut-être ne m'en étais-je même pas rendu compte à l'époque. Le fait est que quoi qu'il ait fait, c'était bien loin d'être une préoccupation pour moi. Mon ami s'en était voulu tout ce temps pour rien!

Bien sûr, certaines fautes sont beaucoup plus graves et plus difficiles à oublier : en conduisant en état d'ébriété, vous avez causé un accident qui a fait un blessé ou même un mort; vous avez une querelle avec un proche qui se suicide peu après… La liste peut être longue. Il vous faut donc comprendre une chose : votre geste n'est peut-être pas EXCUSABLE, mais il est certainement PARDONNABLE. Et si vous souhaitez que la faute vous soit pardonnée, commencez par vous pardonner en premier. Comment pourriez-vous attendre des autres un pardon que vous vous refusez à vous-même?

Vous pardonner ne veut pas dire que votre offense devient insignifiante, mais simplement que vous renoncez à vous en vouloir jusqu'à la fin des temps. Et ça commence aujourd'hui!

Dans l'un de ses succès radio, le chanteur pop Billy Joel chante : «… you're only human; you're *supposed* to make mistakes!», qu'on peut traduire librement par : «… vous n'êtes qu'humain; vous êtes *sensé* faire des erreurs!» Joel en sait quelque chose : peu de temps avant de devenir une vedette internationale, il volait d'honnêtes citoyens à la pointe du couteau dans les rues de New York! Le chanteur a réalisé son erreur, mais il a refusé qu'elle l'empêche de vivre et de devenir quelqu'un de meilleur. Heureusement pour ses fans!

Ne pas se pardonner, c'est s'empêcher de s'épanouir pleinement.

Maintenant que vous comprenez le sens du pardon et la façon de l'appliquer envers vous-même, qu'en est-il des autres? Personnellement, je n'ai jamais oublié la petite phrase que Marc Gervais m'a chuchotée à l'oreille : «Si tu as droit au pardon, alors les autres aussi y ont droit.» Réfléchissez-y un instant : vous avez compris que vous n'êtes qu'un être humain avec ses forces et ses faiblesses, qu'il est futile de croire que vous ne ferez jamais d'erreur… mais vous n'êtes pas prêt à considérer les autres de la même façon? Pourquoi donc? Ne sont-ils pas humains comme vous? Que savez-vous des raisons et des circonstances exactes qui les ont poussés à agir de la sorte? Bénéficiez-vous d'un sauf-conduit divin qui n'inclut que vous? Non, n'est-ce pas? Alors, voilà : si vous avez droit à l'erreur, les autres aussi y ont droit. Et si vous avez droit au pardon, c'est leur cas aussi. Ils ont droit au pardon... VOTRE pardon. Ils ont le droit de ne plus faire l'objet de rancune et d'hostilité. Leur offense n'est peut-être pas acceptable, mais il vous faudra laisser aux autorités compétentes le soin d'agir en conséquence. Après tout, à eux les maux de tête et les nuits blanches! Votre énergie est trop précieuse pour être ainsi gaspillée dans des considérations qui n'en valent simplement pas la peine.

LE MIROIR

Pensez à une personne qui vous déplaît, qui vous tombe royalement sur les nerfs, quelqu'un qui agit d'une manière tellement contraire à la vôtre que c'en est de la provocation. Vous êtes calme, elle déplace trop d'air; vous êtes poli, elle dit tout ce qui lui passe par la tête; vous travaillez dur, elle se la coule douce. L'objet de votre haine est évident : cette personne vous déplaît parce qu'elle est tout le contraire de vous. Mais l'est-elle tant que ça? Beaucoup moins que vous ne voulez le croire!

En fait, ce qu'on déteste le plus chez les autres, ce sont nos propres travers, nos défauts ou nos faiblesses que nous n'acceptons pas. Untel est menteur et ça vous choque? Fouillez un peu et vous découvrirez que vous ne tolérez pas vos propres mensonges lorsque vous vous sentez coincé. Ce côté de vous que vous n'acceptez pas, vous êtes aussi incapable de le tolérer chez les autres. N'allez pas penser qu'on est en train de vous dire que le mensonge est acceptable! Mais il y a une motivation derrière le fait qu'on ne dise pas la vérité et, plus souvent qu'autrement, c'est la peur. Peur de décevoir, peur de conséquences, peur d'être humilié... Celui qui s'aime et qui a confiance en lui n'aura pas à mentir. Il assume sereinement la vérité.

En essayant de comprendre la raison du mensonge plutôt qu'en cherchant à la condamner, vous prenez conscience de votre propre condition et vous apprivoisez vos propres peurs. Chaque offense qui vous est faite peut ainsi être analysée sans émotion et vous permettre d'apprendre à mieux vous connaître... et mieux vous accepter!

Faisons donc le bilan de votre cheminement : vous avez maintenant compris qu'il vous faut :

- lâcher prise;
- apprendre à vous pardonner;
- apprendre à pardonner aux autres.

Il vous faut maintenant passer à l'étape suivante.

SAVOIR CHANGER UN TORT EN UN BIENFAIT

On l'a dit et répété maintes fois, rien n'arrive pour rien dans la vie. Croire au hasard, c'est accepter de jouer sa vie à la roulette russe. En ce cas, la mort, la maladie, un nouvel emploi ou un gain à la loterie sont des événements tout à fait aléatoires dont il ne faut rien espérer, ni comprendre. C'est le principe de la fatalité : la vie est une beurrée de merde dont il faut prendre une bouchée tous les jours. Désolé, mais moi, j'ai une nette préférence pour la confiture!

Affirmer que rien n'arrive pour rien est une déclaration qui ne s'appuie pas sur la religion ou la science, mais plutôt sur le GBS : le Gros Bon Sens. Si vous croyez en un «Être supérieur», de quelque dénomination spirituelle qu'il soit, rien ne vous empêche de Lui attribuer la responsabilité des épreuves qui surviennent dans votre vie. Il ne me revient pas de juger si vous avez tort ou raison et la question est d'importance secondaire pour l'instant. Ce qui retient plutôt notre attention, c'est la notion qu'un événement heureux ou malheureux ne peut être stérile dans votre vie; en fait, c'est dans votre plus grand intérêt qu'il ne le soit pas! Voici pourquoi...

On pourrait philosopher longtemps sur le «pourquoi» de la vie et de la mort sans jamais faire le tour complet de la question. Un fait demeure : la vie et la mort font partie de notre réalité, comme le fait que l'on mange, que l'on boit et que l'on respire. Qu'on soit d'accord ou non avec le moment et la façon que prend la mort pour frapper n'y change rien. Mais un drame n'est pas simplement qu'un drame; il est aussi une opportunité de changer notre façon de voir ou de faire les choses.

Lors de l'assassinat de mon père en 1995, ma première réaction a été évidemment très négative. Ces émotions m'ont grugé lentement de l'intérieur jusqu'à ce que ça en devienne insoutenable. En faisant une session de croissance personnelle, j'ai compris que la mort de mon père n'avait pas à être un élément destructeur de ma vie. À bien y penser, mon père aurait sûrement été très malheureux de voir que je me détruisais en réaction au drame que constituait son décès! Lui qui nous aimait tant, ce n'est certainement pas ce qu'il aurait voulu pour ma famille et moi.

J'ai appris que je pouvais me servir de cet événement triste en le transformant en quelque chose de positif. La mort de mon père m'a amené à chercher de l'aide et cette aide m'a permis d'apprendre à mieux me connaître, à me pardonner et même à m'aimer. Puis, j'ai compris que ceux qui l'avaient tué souffraient eux aussi. Lorsque j'ai rencontré Jimmy en prison, je lui ai apporté de l'aide à mon tour et ça s'est transformé en dépassement personnel pour moi. Rien n'arrive pour rien; mon père n'est pas mort POUR que j'entreprenne une croissance personnelle, mais son décès a été une opportunité pour moi de changer ma vie du tout au tout, et même d'apporter mon aide à d'autres personnes qui souffrent de blessures de l'âme.

La même chose est vraie dans VOTRE vie. Une rupture avec votre conjoint n'est pas une fin en soi; c'est une opportunité de se tourner vers soi-même et de chercher à comprendre ce qui n'a pas fonctionné. Non pas dans l'intention de pointer le doigt vers un coupable, mais plutôt dans le but de comprendre les comportements qui ont débouché sur la séparation. Ai-je la manie de toujours chercher un conjoint qui a besoin d'être materné? Est-ce que je ne choisis pas mes partenaires qu'en fonction des critères de beauté? Peut-être est-ce que je m'engage trop rapidement dans une relation? Si oui, pourquoi? Par peur de finir tout seul? Par manque de confiance en moi? Quels sont les comportements que je peux changer? Voilà des questions qu'on doit se poser – sans se culpabiliser – bien avant de mettre la responsabilité de la rupture sur le dos de l'autre…

D'ailleurs, puisque la vie est une série de choix, c'est MOI qui décide de ce que devient la relation. Si je vis avec une personne abusive, dans une relation toxique, alors la rupture est loin d'être une mauvaise nouvelle, vous en conviendrez! Et si la rupture vous permet de renouer avec vous-même, de vous accorder plus de temps et vous faire de petits plaisirs, encore là, il ne peut s'agir d'une situation entièrement mauvaise! Tout dépend toujours de la FAÇON que l'on choisit de voir les choses.

Combien de personnes gardent un emploi qu'ils détestent

au lieu d'essayer autre chose? Votre patron vous met-il un fusil sur la tempe chaque soir en vous ordonnant de revenir le lendemain? Votre enfant vous menace-t-il de vous dénoncer à la DPJ sous prétexte que vous avez décidé de prendre le risque d'améliorer votre situation en postulant ailleurs? Ceux-là se disent en ce moment même : «Ben voyons, c'est facile à dire, c'est pas lui qui prend le risque de se retrouver à la rue!», «Si je perdais mon emploi, ce serait une catastrophe!». Si vous vous reconnaissez, faites donc taire cette petite voix qui vous empoisonne la vie à l'intérieur et posez-vous plutôt les VRAIES questions :

- De quoi ai-je peur?
- Qu'arriverait-il VRAIMENT si je perdais mon emploi?
- Est-ce que je connais bien toutes les ressources financiè-res et de support qui sont à ma disposition? Qui peut me renseigner?
- Si je ne faisais pas ce travail, qu'est-ce que j'aimerais faire d'autre?
- Est-ce réaliste? Si oui, qu'est-ce que je peux faire aujour-d'hui pour y arriver?
- Ai-je vraiment besoin de changer d'emploi ou est-ce que j'ai simplement besoin de nouveaux défis dans mon milieu de travail? Etc.

Répondez franchement. Au besoin, consultez votre meil-leur(e) ami(e), qui est souvent en mesure de vous faire prendre conscience de certaines aptitudes que vous ne voyez ou ne connaissez même pas! Et puis, surtout, n'atten-dez pas en vous disant que vous allez passer à l'action «un beau jour». Un vieux proverbe chinois dit : «Même les voyages les plus longs commencent par un premier pas». Et n'oubliez pas : vous SEUL pouvez décider de ce que vous faites de votre vie. Vous avez le choix. Allez-vous faire ce premier pas ou allez-vous continuer de trouver que la vie est bien injuste et que les autres ont plus de chance que vous? Allez-vous continuer d'être une victime ou choisirez-vous de faire d'aujourd'hui la première journée de votre nouvelle vie? Votre entourage peut vous aider à peser le pour et le contre, mais vous seul pouvez prendre la décision finale.

Où est-ce que tout ça nous amène? Voyez par vous-même :

- J'arrête de m'accrocher aux choses de la vie que je ne peux changer.
- Je cesse de m'en vouloir.
- J'accepte de pardonner les torts qu'on m'a faits.
- J'identifie les événements potentiellement destructifs et je les transforme en opportunités pour moi.
- *Carpe Diem* (saisir le jour) : j'agis AUJOURD'HUI!

Profitons-en pour jeter un coup d'œil à un concept que j'appelle :

LE RETOUR DU PENDULE

Vous avez déjà observé une horloge grand-père? Sous le cadran, on retrouve habituellement une longue tige terminée par un disque cuivré : c'est le pendule. Tirez-le vers la droite et laissez-le aller. Il fera un mouvement vers la gauche et reviendra à son point de départ. Dans votre vie, les actions que vous posez sont gérées par cette simple loi : tout ce que vous faites aux autres vous revient; tout ce que les autres vous font finit par leur revenir. Exactement comme le mouvement d'un pendule.

Rendez service avec sincérité sans jamais rien attendre en retour et vous serez surpris de voir comment les événements heureux viendront à vous. Chacune des bontés qu'on vous fera sera un cadeau puisque vous ne l'attendez pas! Et ceux que vous aidez seront heureux de vous aider à leur tour. Parfois, un bienfait qui vous sera rendu n'aura même aucun lien avec les gestes que vous posez. N'ayez crainte... quelqu'un, quelque part, tient une comptabilité fidèle de toutes vos générosités et s'assure que vous n'y perdez pas au change!

Par contre, répandez les commérages, faites-vous tirer l'oreille chaque fois qu'on vous demande un service, soyez avare et de mauvaise foi... et vous ne tarderez pas à découvrir une particularité de la loi du pendule, qui veut que TOUT ce qu'on fait aux autres nous revient en DOUBLE! Là encore, la vie a tout son temps pour régler ses comptes et le fait de toutes sortes de façons. Dès lors, il n'est pas difficile de choisir dans quel camp on veut être...

La loi du pendule est d'autant plus intéressante qu'elle vient renforcer le principe du pardon envers les autres. En effet, plus besoin de souhaiter du mal à son prochain quand on SAIT que la vie s'en chargera à notre place! Et croyez bien que RIEN n'échappe à ce grand arbitre qu'est la vie.

SAVOIR ÉCOUTER, SAVOIR PARLER

À titre de conférencier, je me sens privilégié de pouvoir travailler notamment avec les ados de 10 à 17 ans. Ils ont été pour moi une richesse incomparable quant aux enseignements spécifiques qu'ils m'ont fait découvrir. Étrange, n'est-ce pas? JE suis le conférencier et EUX m'ont appris des choses! C'est pourtant simple : il suffit de savoir écouter. Savez-vous quelle est la plus grande récrimination qu'ont les ados contre leurs parents? Lors des «week-ends d'ados», celle qui revient à CHAQUE fois est : «Mes parents ne m'écoutent pas!»

- Que savez-vous de votre ado?
- Comment s'appelle son meilleur ami à l'école?

- Qui est son professeur préféré? Son chanteur préféré?
- Quel est votre trait de caractère qui lui déplaît le plus? Celui qu'il aime?
- De quoi parle-t-il le plus avec ses amis?
- Quel est son plat préféré au restaurant?

Dans la plupart des familles, tout le monde manque de temps à cause du travail, des activités organisées, etc. À bout de souffle, les parents s'attardent rarement à laisser l'ado raconter sa journée, parler de lui, s'intéresser à vous. Il joue sur son jeu vidéo en écoutant sa musique et vit dans sa bulle. À l'heure des repas, c'est souvent la télé qui prend toute la place. En bout de ligne, les échanges habituels entre parents et ados se limitent à savoir s'il a fait ses devoirs ou le ménage de sa chambre. Les conversations quotidiennes sont réservées aux «grands», qui ont «des choses importantes» à se dire et n'ont pas de temps pour les futilités d'un enfant.

Savoir écouter, c'est reconnaître qu'il faut prendre le temps d'être disponible. «Être là» pendant qu'on fait le souper, la vaisselle ou que le cellulaire nous occupe aux dix minutes ne suffit pas. Écouter, c'est faire face avec son corps au complet pour dire «tu as toute mon attention»; c'est susciter le dialogue et non faire subir un interrogatoire en règle; c'est aussi parfois savoir se taire et résister à l'envie de prodiguer un conseil. Les ados ne toucheront certains sujets que lorsqu'ils s'en sentiront prêts et, comme vous, n'ont parfois besoin que de vider leur sac! Et soyez assuré d'une chose : une fois le canal de communication ouvert, s'ils ont besoin d'un conseil, ils le demanderont.

Bien sûr, il en est de même pour votre conjoint, vos parents ou vos collègues de travail. Savoir écouter, c'est comprendre que l'autre aussi peut avoir un point de vue valide, qu'il peut avoir mal choisi ses mots pour l'exprimer ou même qu'il souhaite que vous compreniez entre les lignes quelque chose qu'il n'ose pas dire ouvertement. Les signes avant-coureurs du suicide et l'aveu d'une orientation sexuelle différente se retrouvent souvent dans cette catégorie.

Quand on sait écouter, on évite souvent les conflits. Pourquoi? Parce que les autres nous envoient presque toujours des signaux éloquents quand ils veulent nous passer un message. Des signaux qui disent «pas aujourd'hui, je suis de mauvaise humeur» ou encore «je suis déçu que tu n'aies pas fait comme je te l'avais demandé». Désamorcez les conflits potentiels en cessant de vous sentir attaqué quand on vous fait une remarque. Même quand le commentaire vous est adressé de façon qui vous paraît grossière ou désobligeante, gardez en tête que ce que l'autre dit n'est pas «tout ce que tu as fait dans toute ta vie ne vaut rien, tu n'es qu'un incapable», mais plutôt «je ne suis pas d'accord avec la façon que tu as fait ou dit ça». En toutes circonstances, restez calme sans avoir l'air condescendant ou détaché, parlez sans hausser le ton, demandez à ce qu'on vous parle respectueusement et expliquez votre point de vue sans embarquer dans le jeu des insultes. Reconnaissez votre erreur s'il y a lieu et demandez de quelle façon l'autre aimerait qu'elle soit corrigée. Si vous réalisez que le dialogue est impossible, dites-le calmement et retirez-vous en indiquant que vous en reparlerez plus tard.

L'humoriste Yvon Deschamps disait dans l'un de ses monologues que lorsque les enfants sont petits, on leur apprend à parler et lorsqu'ils sont grands, on leur dit de se taire! Savoir parler n'a rien à voir avec votre capacité de jaser pendant quatre heures au téléphone sans interruption. Savoir parler, c'est aborder les gens de façon accueillante et engagée, c'est s'intéresser à eux en se servant de ce qu'ils vous disent pour relancer la conversation et, plus que tout, c'est savoir véhiculer ce qu'on veut dire de façon à ce que le message soit compris. Une des règles d'or que doivent suivre les conférenciers est : peu importe ce que vous avez VOULU DIRE, c'est la façon que le message A ÉTÉ COMPRIS qui compte.

On connaît tous les stéréotypes du couple d'aujourd'hui : l'homme ne communique pas et la femme communique mal. Si le conjoint masculin ne livre pas ses sentiments, qu'il ne peut parler de ses frustrations que lorsqu'il est trop tard et qu'il explose de colère, il ne laisse pas à sa conjointe de marge de manœuvre pour éviter les conflits. Mais attention : lorsque la conjointe pense que monsieur «aurait dû deviner» ou «savoir» quelque chose qui n'a jamais été verbalisé, elle s'expose à être déçue. Ni l'un ni l'autre ne dispose de dons divinatoires.

Mais il y a aussi la MANIÈRE de dire. Si quelqu'un vous enregistrait sur vidéo à votre insu, vous seriez sans doute surpris de voir comment, avec le temps, vous avez peut-être pris un ton sec ou cassant vis-à-vis des autres. Lorsque vous ouvrez la bouche, est-ce plus souvent pour faire un reproche qu'un compliment? Quand vous demandez quelque chose, est-ce dit sur le ton d'un ordre?

Tentez un petit exercice facile : à chaque fois que vous voulez dire «tu», dites plutôt «nous». Impliquez-vous dans le commentaire et vous verrez comment, automatiquement, il sera dit de manière moins provocante ou menaçante. Et puisque le «tu» deviens «nous» et vous implique aussi, vous verrez bientôt qu'il est moins tentant d'adresser un reproche quand on en partage la responsabilité! En revanche, vous y gagnerez une plus grande complicité avec votre conjoint.

ÊTRE VRAI!

Dites-vous la vérité, rien que la vérité, toute la vérité? Probablement pas et pour toutes sortes de raisons qui vous sont propres. Cependant, sachez que si vous voulez grandir en marge de cette croissance personnelle que vous entreprenez, il vous faudra vous résoudre un jour ou l'autre à vivre dans la vérité. Trop de frustrations s'accumulent jusqu'à en devenir insupportables simplement parce qu'on a refusé la vérité. Votre conjoint a un comportement inacceptable lorsqu'il prend un verre? Vous n'aimez pas que votre belle-mère fourre son nez dans votre vie de couple? Vous pensez qu'une décision prise au travail nuit à votre rythme ou à votre façon de faire les choses? Surtout, ne gardez pas tout ça en vous; dites-le!

Mais attention, il y a un temps et une manière de dire les choses. Si vous attendez que votre conjoint soit complètement saoul pour vous vider le cœur ou que vous dites devant les autres employés que votre patron est un incompétent, ne vous attendez pas à connaître beaucoup de succès. Surtout qu'il peut parfois y avoir de très bonnes raisons qui ont motivé un geste ou une décision, mais que vous l'ignorez. Ici encore, tact et diplomatie s'imposent. Mieux vaut dire à votre conjoint qu'une situation vous déplaît, plutôt que de ne rien dire et de laisser la situation se détériorer pendant que vous bouillez par en dedans. Cherchez UNE solution, pas nécessairement VOTRE solution.

Peu importe qui a l'impression d'avoir «gagné» si, en bout de ligne, vous obtenez le changement que vous désirez! Vous avez suggéré une piste et votre patron ou votre conjoint arrive avec une autre solution? Qu'importe! Si le résultat vous satisfait, qui se soucie de la manière de s'y rendre?!

N'hésitez pas à dire qu'une parole vous a blessé ou qu'une attitude vous a fait de la peine. Les gens réagissent davantage avec empathie à la peine qu'à la colère. Étrangement, lorsqu'on a mis quelqu'un en colère, c'est comme si c'était cette personne qui nous déclarait la guerre; on se met donc automatiquement sur la défensive et on devient non réceptif. Personne ne veut recevoir d'obus en pleine figure!

Mais quand vous apprenez qu'un geste que vous avez posé a causé de la peine, votre première réaction est d'être surpris et désarçonné. Le sentiment de peine a quelque chose de maternel et votre subconscient est sensible à cette notion. Votre réflexe est alors de chercher à amoindrir la peine de l'autre parce que cette peine vous rend mal à l'aise. Inconsciemment, vous ne voulez pas paraître cruel aux yeux des autres. Leur réflexe sera le même envers vous. Expliquez comment vous avez été blessé (sans exagérer; n'oubliez pas que vous voulez vivre dans la vérité!) et plus souvent qu'autrement, vous obtiendrez davantage de collaboration de la personne qui vous a offensé. Le moins que vous puissiez gagner, c'est l'ouverture du dialogue entre les deux. Ensuite, il vous appartiendra de vous servir de cette opportunité pour désamorcer le conflit. Vous vous dites : «oui, mais pourquoi c'est à moi de désamorcer le conflit si c'est l'autre qui l'a causé?» Rappelez-vous : votre but est de régler le conflit; la manière d'y arriver importe peu; seul le résultat compte. Vous vous placez dans une situation où l'autre personne a l'impression d'avoir gagné? Tant mieux! Vous avez obtenu ce que vous vouliez et l'autre a sauvé la face. Tout le monde gagne!

SAVOIR SE FAIRE PLAISIR

Quand on craint l'opinion qu'ont les autres de nous, quand on vit uniquement en fonction des autres, on finit par oublier l'essentiel : soi-même. À trop vouloir plaire aux autres, on s'empêche de vivre pleinement. Il faut donc reprendre la place qui vous revient dans votre vie parce que lorsqu'on est satisfait, on est alors davantage en mesure de s'ouvrir aux autres. Demandez aux parents qui entrent à peine de travailler s'ils ont envie de s'investir dans les devoirs et les leçons des enfants! S'ils le font, ils nient leur propre besoin de prendre un peu de temps pour eux. Le parent a plus de chance d'être frustré et impatient et la relation avec l'enfant en sera affectée. Mais quand on explique à l'enfant que papa ou maman doit prendre le temps d'arriver et de souffler un peu, il se passe deux choses :

- le parent ne se sent pas lésé dans son droit de s'accorder un peu de temps;
- l'enfant apprend que le monde ne tourne pas autour de lui.

Égoïsme? Non... égocentrisme. Attention! Il ne faut pas confondre les deux! L'égoïste est celui qui ramène tout à lui sans égard pour les autres et même au *détriment* des autres. L'égocentrique, lui, va plutôt juger ce qui l'entoure en fonction de ses *besoins* et de ses *intérêts*. Une fois ses besoins satisfaits, l'égocentrique peut alors se tourner vers son entourage et en prendre soin puisque ses proches, collègues ou amis font aussi partie de *son* environnement. Cette relation est alors beaucoup plus saine que celle de l'égoïste parce qu'au lieu d'abuser de son entourage, il a intérêt au contraire à le protéger et lui permettre de s'épanouir.

Quelle est la dernière fois où vous êtes allé voir un film ou prendre un café seul, sans conjoint ni enfants? Vous sentiriez-vous coupable de le faire? Pourtant, vous ne devriez pas puisqu'il est PARFAITEMENT NORMAL d'avoir besoin d'un peu de temps à soi pour se retrouver.

C'est d'ailleurs tout aussi vrai pour celui ou celle qui partage votre vie. Comment croyez-vous pouvoir vous consacrer aux autres si vous ne vous êtes pas accordé d'abord un peu de temps? Et puis, qui sait? Votre conjoint appréciera peut-être encore plus votre compagnie après une soirée en solitaire! La clé est évidemment de ne pas mettre l'autre devant un fait accompli, mais de s'entendre sur un moment convenable pour les deux.

Il est par contre primordial de comprendre que, comme en toutes choses, l'excès et l'absence d'égocentrisme ne sont pas productifs et engendrent plutôt des effets négatifs. Comme on le dit souvent, la modération a bien meilleur goût!

SAVOIR DISTINGUER «POSSÉDER» ET «PARAÎTRE»

Vous avez sans doute déjà entendu l'expression «voisin gonflable»... Vous achetez une voiture neuve, votre voisin en achète une plus grosse; vous installez une piscine, il en fait creuser une et ajoute un Spa; vous faites aménager votre terrain par un professionnel même si vous n'en avez pas les moyens pour que les voisins ne pensent pas que vous êtes «cassé»... Voilà bien les signes de ceux qui souffrent de la blessure du *paraître*. Généralement, c'est quand on manque de confiance en soi qu'on sent le besoin de faire étalage de ce qu'on n'a pas. Quand on manque de confiance, on se soucie de ce que les autres vont penser de nous et de la manière dont ils vont nous juger. N'est-il pas plus simple de s'évaluer en fonction de nos propres buts et objectifs, plutôt qu'en vertu de ce que peut penser ou ne pas penser un voisin, un ami ou un proche?

Votre voisin ou votre sœur change de voiture aux deux ans? Tant mieux pour eux. Réjouissez-vous de leur bonne fortune sans les envier. Quant à vous, vous avez simplement choisi d'investir votre argent différemment. Lorsque vous cesserez de vous préoccuper de ce que les autres pensent de vous, c'est un poids énorme qui débarquera de vos épaules. Est-ce à dire qu'il vous faut vivre sans jamais dépenser un sou? Jamais de la vie, bien au contraire! La vie est faite pour qu'on en profite. Pourquoi n'auriez-vous pas droit à ce qu'il y a de mieux? En autant que vous pouvez vous le permettre, il n'y a rien de mal à ça.

Bien sûr, je vous entends déjà me dire : «Oui mais il y a un instant à peine, tu disais d'éviter les signes de richesse». La réponse est très simple : la vie vous apporte toutes sortes d'opportunités de vous faire plaisir – un bon vin, une promenade à moto, une semaine dans le Sud –, pourquoi les laisser aller en pure perte? Ce serait criminel, non? Là où il y a une distinction à faire, c'est que les biens de la terre n'ont pas à servir de miroir pour refléter votre personnalité. Il n'y a aucun problème à s'acheter une Mercedes Benz si vous appréciez ces chefs-d'œuvre de mécanique allemande. Mais si vous n'en faites l'acquisition que pour épater vos voisins et montrer votre statut social, alors vous faites fausse route.

Vous invitez des amis à souper et vous sortez votre meilleure bouteille. Si, au fond de votre cœur, vous le faites en hommage à votre ami, pour lui montrer votre appréciation, vous posez un geste noble. Mais si vous sortez cette même bouteille en espérant faire étalage de vos connaissances et de vos moyens financiers, questionnez-vous sérieusement sur votre échelle de valeurs et sur votre relation avec cet ami.

En essence, profitez des belles choses de la vie, mais n'essayez pas de vous «péter les bretelles»; vous ne tromperez personne sur vos véritables intentions. Ne perdez cependant pas de vue que votre bonheur peut être agrémenté par les biens matériels, mais il ne doit pas reposer uniquement là-dessus. Après tout, l'essentiel n'est pas d'avoir tout ce que vous désirez, mais de désirer ce que vous avez! Perdez donc moins de temps à courir après ce que vous n'avez pas et prenez quelques instants pour faire le bilan de ce que vous possédez. Soyez franc. L'exercice ne prendra que cinq ou dix minutes, mais vous serez surpris de constater que votre situation est bien meilleure que ce que vous *croyez*. L'idée n'est pas nécessairement de se *contenter* de ce qu'on a, mais on doit à tout le moins l'*apprécier*.

Enfin, ne vous faites pas d'illusions : la vie n'a pas fini de vous faire vivre toutes sortes d'épreuves. Ne vous attendez pas de la vie qu'elle vous épargne simplement parce que vous avez décidé de la voir autrement. D'ailleurs, à la limite, une vie sans contrariétés serait... contrariante! Lorsqu'il fait soleil pendant vingt et un jours de suite, on en vient à prendre le beau temps pour acquis. Mais après une semaine de pluie, on s'arrête pour en savourer les rayons bienfaisants. Pourtant, c'est le même soleil! Mais son absence nous fait réaliser combien il est précieux. Et vous, prenez-vous votre conjoint, vos parents, votre confort ou votre travail pour acquis? Si oui, la vie se chargera sans doute de vous rappeler un jour que tout cela vous est prêtés seulement. Il ne s'agit pas de développer de l'anxiété en craignant le malheur à tout moment! Il suffit simplement d'apprendre à profiter de la vie au maximum, chaque jour.

Ne cherchez pas le bonheur, vous l'avez déjà. Il vous suffit de savoir regarder autour de vous!

ÉPILOGUE

arce qu'il est humain, Bobby connaîtra d'autres joies, d'autres peines, des succès et des échecs. Lui-même avoue ne pas toujours mettre en pratique ses propres enseignements. À ce sujet, il confie que s'il était un être parfait, il ne serait pas de ce monde… Mais sa recherche en ce domaine demeure constante et les enseignements qu'il en tire servent autant à ses propres fins qu'à celles des participants aux sessions de La Renaissance.

Bobby dit avoir remarqué un changement dans la tendance actuelle en éducation personnelle et de masse. Pour lui, si le développement intellectuel conventionnel a toujours sa place sur les bancs d'école, il constate que de plus en plus nombreux sont ceux pour qui l'enseignement des valeurs du cœur prend une place prépondérante dans leur vie. La jeune génération, en particulier, est davantage à l'écoute de ses propres besoins. Il est rare aujourd'hui de voir un travailleur conserver le même emploi pendant vingt-cinq ou trente ans. Plus souvent qu'autrement, un changement de venue ou de carrière survient maintenant à tous les cinq ou six ans environ. La période de transition que nous vivons entre ces deux manières de faire peut créer de l'anxiété chez ceux qui ont besoin de sécurité, mais elle est perçue comme une opportunité de renouveau chez les autres.

L'intelligence ne se mesure plus seulement à la capacité d'aligner un certain nombre de chiffres ou de lettres. Bobby croit plutôt qu'elle consiste à se servir des événements qui se produisent dans notre vie pour mieux comprendre qui nous sommes et ce que nous voulons devenir. Il n'y a pas de place pour les jugements de valeur face à autrui.

Avec des centaines de conférences à son actif, Bobby est bien loin de ressembler à ce jeune homme révolté et rempli de haine qu'il était en entrant dans sa vie d'adulte. Il aurait pu maudire cette vie qui semble s'être acharnée à le blesser lui et sa famille plus souvent qu'à leur tour. Au contraire, il a choisi de faire de sa riche expérience de vie un terreau fertile où il cultive des enseignements d'une valeur inestimable, dont il peut ensuite faire profiter ceux qui en ont le plus besoin.

Bobby pense que si son témoignage peut inspirer un adulte, sauver un adolescent du suicide ou amener un criminel à changer son mode de vie, alors le meurtre de son père n'aura pas été vain.

MERCI

À ma famille pour leur amour et leur compréhension.

Aux enquêteurs de la ville d'Ottawa pour leur travail et leur humanisme.

Aux intervenants du Programme de justice réparatrice du Québec et de l'Ontario pour leur amitié et leur support.

À Stéphanie Pelosse pour la correction du manuscrit.

À Émile Boudreau, photographe et ami, pour son beau travail.

Au journal Le Droit pour leur support.

À tous les gens qui, de près ou de loin, ont participé à mon livre.

Sans vous, ce merveilleux projet n'aurait jamais vu le jour.

Remise de l'affiche de la nouvelle rue
«Robert-Savoie» à son fils Bobby (juin 2005)